TOMA DECISIONES RESPONSABLES

OTROS LIBROS POR SAM SILVERSTEIN

The Success Model

No More Excuses

Nonnegotiable

No Matter What

The Lost Commandments

TOMA DECISIONES RESPONSABLES

UNA TRAVESÍA HACIA LA VIDA RESPONSABLE

CON CONTENIDO EXTRA DE
NO MATTER WHAT

Toma decisiones reponsables

Toma Decisiones Responsables

© Copyright 2020—Sam Silverstein

Es traducción de:
Making Accountable Decisions
© Copyright 2018—Sam Silverstein

Todos los derechos reservados. Este libro está protegido por las leyes de copyright de los Estados Unidos de América. Este libro no puede copiado o reimpreso para obtener ganancias comerciales. Se permite y anima el uso de algunas citas cortas o el copiado ocasional de páginas para el estudio personal. Se dará permiso al solicitarlo. Escribe a: "Attention: Permissions Coordinator", a la siguiente dirección:

SOUND WISDOM
PO Box 310
Shippensburg, PA 17257-0310

Para más información acerca de los derechos de publicación y distribución, llama a 717-530-2122 o envía un correo electrónico a: info@soundwisdom.com.

Hay descuentos especiales para compras en cantidad por parte de corporaciones, asociaciones y otros. Para más detalles, contacta al: Sales Department de Sound Wisdom.

Mientras que esta publicación está repleta de información útil y práctica, no hay ninguna intención de que sean consejos legales o de contabilidad. Se recomienda a todos los lectores buscar abogados y contadores competentes para obedecer las leyes y los reglamentos que pueden aplicarse a situaciones específicas.

El lector de esta publicación asume responsabilidad por cómo usa la información.

El autor y el publicador no asumen ninguna responsabilidad, incluyendo responsabilidad legal, de manera alguna, por el lector de esta publicación.

ISBN 13 TP: 978-1-64095-277-5
ISBN 13 eBook: 978-1-64095-278-2
For Worldwide Distribution, Printed in the U.S.A.
Diseño de la cubierta por Geoff Silverstein
Diseño interior pro Terry Clifton
1 2 3 4 5 6 7 8 / 21 20 19 18

Agradecimiento

Sharon Miner, mi amiga y parte de mi equipo, ha hecho grandes contribuciones a este proyecto. Gracias por tus pensamientos, esmero y energía.

También le quiero dar las gracias a David Wildasin y a todo el equipo de Sound Wisdom. El apoyo que le han dado a este mensaje acerca de la responsabilidad y el trabajo que hacemos nos permite seguir escribiendo para impactar las vidas de manera poderosa. Ustedes son tan importantes para mi equipo y para mí. ¡Gracias!

Las decisiones importan

Llegamos a ser lo que llegamos a ser debido a lo que creemos y las decisiones que tomamos. Nuestras creencias impulsan nuestras decisiones y nuestras decisiones dictan los resultados y el legado que dejamos. Hay algo definitivo acerca de una decisión que te impulsa hacia adelante.

Te guste o no, a lo largo de nuestras vidas, constantemente nos enfrentamos a la responsabilidad de tomar una decisión. No hay manera de escaparnos de esta responsabilidad. No decidir qué hacer o cómo actuar en una situación dada es, en sí, una decisión. Siempre es más fácil tomar una decisión cuando sabemos qué es lo que creemos y qué es lo que estamos intentando lograr.

Tomar decisiones también significa aceptar la idea de que somos parte de un panorama más amplio. No estamos solos en nuestras decisiones. Nuestras decisiones no solo nos afectan a nosotros, sino a las personas en nuestro derredor. Nuestras decisiones dan forma a nuestras acciones. Las personas en nuestro derredor reciben e interpretan nuestras acciones. Estas acciones dan forma a las opiniones y los sentimientos de estas personas y, ultimadamente, las acciones que ellos toman a favor nuestro o en nuestra contra. Nuestras decisiones determinan nuestro legado.

En gran medida, lo que creemos acerca de nosotros mismos y nuestras propias capacidades, así como la manera en que vemos el mundo y las fuerzas que actúan en él, afectan lo que encontramos posible. Estas creencias impactan nuestras decisiones.

Nuestras decisiones no solo nos afectan hoy, sino también afectan nuestras habilidades y nuestras decisiones en el futuro. Por ejemplo, si te sientes fuera de control en una situación dada, posiblemente decidas apartarte y evitar el problema que se ha presentado. Esta decisión te llevará a escaparte de un desafío en vez de enfrentarlo y posiblemente superarlo. El grado en que evitas o escapas los problemas hoy perjudican tu habilidad de enfrentar, abordar y crecer como resultado de varios desafíos en el futuro. Las decisiones que tomas hoy te prepararán para las decisiones que enfrentarás mañana. Conforme la complejidad de la vida se va desarrollando, una decisión se forjará sobre otra, permitiéndote tratar con situaciones que cada vez se vuelven más difíciles.

Tener consciencia de la necesidad de decidir es el primer paso hacia el crecimiento. Es crítico que entendamos la importancia de nuestras decisiones y también el valor del presente. Al enfocarnos en nuestras acciones actuales y vivir en el momento, desarrollamos cierta consciencia y nos podemos concentrar en desempeñar la mejor tarea posible ahora mismo. La claridad de la mente nos ayuda a reconocer las decisiones a la mano y tratar con ellas de una manera positiva y proactiva.

Cuando escogemos enfocar nuestras decisiones en aquellas cosas que podemos controlar, obtendremos un resultado. Cuando nos enfocamos en aquello que no podemos controlar, tendremos pocas alternativas – o incluso ninguna –, así que no podremos tomar una decisión que nos permita avanzar. En cualquier situación, la pregunta inmediata es, ¿qué puedo controlar en este momento?

Cuando hagas y contestes esa pregunta, sabrás dónde enfocar tus pensamientos y tus poderes creativos. Encontrarás que estás tomando decisiones que tienen un impacto tremendo en tu habilidad de avanzar.

Algunas decisiones son fáciles de tomar y otras son más difíciles. Entender los posibles resultados te ayuda a tomar algunas de esas decisiones.

Al leer este libro, te encontrarás con principios que te ayudarán a tomar decisiones responsables. Después de cada axioma se presenta una historia que ilustra el principio respectivo, junto con uno o más párrafos que lo aclaran más. En los párrafos aclaradores, encontrarás declaraciones acerca de creencias y, frecuentemente, preguntas adicionales. No es mi intención proveerte respuestas basadas en mi propio sistema de pensamiento, sino más bien ofrecer preguntas que te permitirán investigar más a fondo tus propios pensamientos y sentimientos. En las páginas después de las declaraciones y párrafos aclaradores, encontrarás ideas para tomar acción y preguntas que te llevarán a un descubrimiento más a fondo de tus creencias, opciones, oportunidades, y ultimadamente, tus decisiones.

Te quiero animar a primero leer el libro completo. Luego, regresa a la primera declaración y enfócate en las preguntas e ideas para acción por una semana antes de seguir a la siguiente. Si solo pasas cinco minutos cada mañana pensando acerca de una sola área, al final de la semana habrás invertido 35 minutos en tu persona por haber considerado cuidadosamente una área específica e importante de tu vida. Verás una transformación asombrosa en lo que piensas y haces.

Muchas de las decisiones que enfrentamos tienen opciones múltiples. A veces estamos tratando con lo que es correcto y lo

Toma decisiones reponsables

que no es, pero muchas veces no hay una respuesta incorrecta. La brevedad que tomo para expandir en cada decisión es intencional. Es mi meta ayudarte a comenzar el proceso. Tú, entonces, tienes que aceptar la responsabilidad de investigar más a fondo y llegar a tus verdaderos sentimientos interiores, deseos y creencias. Tienes que tomar estas decisiones por tu propia cuenta.

Es una travesía que todos tomamos, forjando una decisión sobre otra conforme crecemos, prosperamos, y damos forma a nuestro legado. ¡Puedes crear el futuro que deseas basado en las decisiones que tomas hoy!

Si es importante para ti, es valioso para ti.

¿Te has olvidado alguna vez dónde colocaste algo y era de suma importancia encontrarlo? La agonía de que tu mundo entero se tiene que detener hasta que lo encuentres puede ser abrumante. En mi caso, encontrar algo que he perdido se convierte en una obsesión. Puede ser algo que no he visto por varios días, por semanas o aun meses, pero cuando lo necesito, lo necesito.

Es posible que no haya usado mi reloj por varios días, pero quiero saber dónde está mi reloj, que está funcionando bien y que se encuentra en lugar seguro. Quiero saber que cuando lo necesite, allí estará.

Por lo general, no es hasta que lo necesite que me doy cuenta de qué tan importante y valioso algo es. Así es con la mayoría de las cosas en la vida. No se percibe su valor a menos que nos beneficie. Las cosas más importantes en nuestra vida personal y profesional no se pueden medir con dólares y centavos. Las "cosas" pueden ser divertidas, y puede ser agradable tenerlos, usarlos o jugar con ellos, pero lo que en verdad es importante por lo general es algo relacionado con una relación ... y las relaciones son con las personas. Podemos mejorar nuestras vidas al tomar el tiempo para determinar lo que es importante para nosotros. Si las personas son importantes para ti, entonces diles. Permíteles saber que significan mucho para ti, que los aprecias, y que valoras el hecho de que forman parte de tu vida. Permite que estas personas conozcan el impacto que tienen sobre ti y cómo tu vida es mejor a causa del papel que ellos juegan en tu vida.

Lo que es importante tiene valor para ti. Con muchísima frecuencia decimos que ciertas cosas son importantes, pero descubrimos que no son importantes; simplemente son los que están gritando lo más fuertemente en ese momento en el tiempo. Determina lo que es realmente importante para ti, y deshazte de las cosas que no son importantes.

Si es importante para ti, es valioso para ti.

¿Qué es realmente importante para ti?

¿Qué acciones tomas que se alinean con lo que dices que es importante?

Lo que crees acerca de tu futuro impulsará tus acciones hoy

Una amiga, que era directora ejecutiva de una organización de liderazgo, tenía deseos de viajar por todo el mundo y enseñar liderazgo. Ella le compartió a su esposo este deseo un día mientras que estaban sentados en su casa, soñando acerca del futuro.

Mi amiga y su esposo, junto con su hijo, tomaron la decisión de tomar unas vacaciones familiares a Hawái. Se pasarían nueve días allí – unas vacaciones que probablemente no se volverían a repetir en sus vidas. Ella tenía una amiga de la infancia que los había invitado a visitarlos antes de que su esposo militar completara su gira de servicio en Hawái. ¿Cómo podían desaprovechar tal oportunidad?

Al regresar a casa después del viaje, su amiga, quien tenía el rango más alto como Sargento Mayor en el Servicio de Capellanía de la Fuerza Aérea de los Estados Unidos, la llamó y la invitó a viajar por la zona del Pacífico con las Fuerzas Aéreas para enseñar liderazgo a los capellanes. Este viaje la llevó a Honolulu, Guam, Japón, y Corea del Sur. El deseo de mi amiga de viajar por el mundo y enseñar liderazgo se había hecho realidad.

Tu futuro es diseñado primero por lo que hablas y luego por lo que haces, no al revés. Las posibilidades de tu futuro solo se ven limitados por tus pensamientos creativos. Muchas veces limitamos nuestros sueños y nuestras aspiraciones a lo que creemos ser posible. Cuando pensamos que cualquier cosa es factible, entonces las posibilidades para nosotros cambian dramáticamente.

No tienes que saber cómo vas a lograr tu futuro para hacerlo realidad. Solo necesitas verlo, desearlo y comprometerte con ello. Siempre he encontrado que una vez que empiezo a perseguir algo, los "cómo" se van presentando con el tiempo. Simplemente creer que lo resolveré en el proceso ha sido muy poderoso en mi avance hacia mi futuro.

La vida es una profecía que se cumple sola. Al abrir tu mente a las posibilidades, formas creencias que están llenas de tus logros deseados. Esta nueva creencia ampliada en tu futuro te impulsará a hacer lo que es necesario hoy para llegar al futuro que creas.

Lo que crees acerca de tu futuro impulsará tus acciones hoy

Describe cómo se ve tu futuro.

¿Qué pasos debes empezar a tomar para que tu futuro se haga realidad?

Elige lo que piensas

Nos invitaron a mi asistente y a mí a una cena con el equipo de liderazgo de la compañía donde íbamos a dar una presentación al siguiente día. Teníamos mucha expectación en cuanto al programa que íbamos a presentar acerca de la importancia de la responsabilidad a 500 personas que eran supervisores en la industria de la energía.

A la mitad de la cena, comenzamos a conversar del programa del siguiente día, y el director principal de operaciones me dijo, "Sam, mantenlo sencillo mañana. Solo deles uno o dos puntos. Después de todo, no tienen títulos universitarios". Me pude dar cuenta de que mi asistente se estaba aguantando lo más que podía para evitar decir algo desagradable a nuestro cliente; y francamente, yo también, pero no era ni el momento ni el lugar para hacerlo. Al siguiente día presentamos el programa estelar que presentaríamos a cualquier organización, y no lo simplificamos de más.

El problema no es simplemente con lo que este director dijo, es con su forma de pensar. Es imposible que las personas que él dirige lleguen a su máximo potencial, porque él cree que el hecho de no tener un título universitario les limita su potencial.

Toma decisiones reponsables

Mi padre no contaba con un título universitario, pero era uno de los hombres más inteligentes que he conocido. Mi papá quería ser astrofísico, pero no contaba con los medios necesarios para ir a la universidad. Ultimadamente, mis padres iniciaron y levantaron un negocio exitoso. Pudo mandar a sus tres hijos a la universidad y aun a la escuela de posgrado. Sin embargo, él nunca obtuvo su propio título universitario.

Lo que pienses acerca de las personas afectan tus acciones hacia ellos, y tus acciones afectarán tus resultados. Si limitas a las personas en tu pensar, limitarás sus oportunidades y posibilidades en tus acciones. Un pensar positivo producirá un resultado positivo.

En una situación dada, puedes escoger tus pensamientos. Escoges tus pensamientos cuando el vehículo en frente de ti no avanza en el instante que el semáforo se pone verde. Escoges tus pensamientos cuando conoces por primera vez a alguien que tiene tatuajes o perforaciones, o que se viste de manera diferente a ti, o que simplemente su apariencia es diferente a la tuya. Escoges lo que piensas, y lo que piensas te impulsa en lo que haces, cómo reaccionas, y ultimadamente, el curso que tomas.

Tú, y solo tú, tienes control de tus pensamientos. Haz que sea una prioridad personal estar al tanto de tus pensamientos y enfocarte en ellos. Activamente presta atención a lo que piensas. Aparta tiempo para enfocar tus pensamientos en lo que es importante y tiene peso. Además, aparta tiempo para pensar acerca de lo que piensas.

Elige lo que piensas

¿Participas en tu vida de pensamientos o dejas que tu mente vague?

¿Pasas tiempo prestando atención a lo que piensas?

Toma decisiones reponsables

Escoge una área de importancia en tu vida, y enfócate en pensar en ella.

Equilibrio

Muchas veces, cuando pensamos en el equilibro, pensamos que se trata de poder hacer malabarismos con nuestro trabajo y nuestra vida familiar, nuestras amistades, el ejercicio y lo que comemos. Pensamos en cómo lograr cierto equilibrio en el que podremos seguir trabajando arduamente a un nivel óptimo, pasar el tiempo apropiado con otros, y mantenernos sanos.

Si bien todos estos elementos en la vida son importantes, quiero someter que el equilibrio más importante que debemos lograr es mantenernos equilibrados espiritualmente. ¿Qué significa estar equilibrado espiritualmente? Estar equilibrado espiritualmente significa pasar tiempo alimentando a tu espíritu con sabiduría, conocimiento y verdad. Fortalece tu alma con los principios esenciales que se convierten en el fundamento de todo lo que crees.

Recientemente, me tomé el tiempo para ir a un retiro de cuatro días. En este retiro no contábamos con aparatos electrónicos y debíamos guardar total silencio desde las 9:00 de la noche hasta la 1:30 de la tarde del próximo día. No había llamadas telefónicas, mensajes de texto, correos electrónicos, televisores, ni periódicos. Fue un tiempo poderoso para escuchar mi voz interior sin distracciones.

Toma decisiones reponsables

En cada ocasión que me he mudado a un casa nueva con clósets vacíos, me he preguntado por cuánto tiempo esos clósets permanecerán vacíos. Con el tiempo, llenamos todos el espacio vacío en nuestras casas, y pueden llegar a llenarse de más. Lo mismo nos puede suceder dentro de nosotros como personas.

Cuando eliminas todo lo que tienes de más y trabajas activamente para proveer espacio en tu mente y en tu corazón para que cosas ocurran, tienes la oportunidad de llenar ese espacio con algo significativo.

Yo me fui de esa experiencia con una comprensión más profunda de mi propósito en la vida. No solo me tomé tiempo para mejorar mi cuerpo físico, sino que tomé tiempo para cultivar mi lado espiritual también. ¿Equilibras los aspectos físicos y espirituales de tu vida? ¿Cuidas tu ser físico y a la vez alimentas y cultivas tu aspecto espiritual? El equilibrio en las dos áreas llevan a la realización, el contentamiento, y el crecimiento personal. El equilibrio sale de lo que crees, y siempre comienza con saber qué es lo que crees.

Equilibrio

¿Qué puedes hacer para que una área de tu vida no sufra debido al desequilibrio?

Escoge la virtud

Como autor, me encanta buscar la definición de palabras del *Diccionario de Webster* de 1828. Me asombra el significado original de palabras y cómo sus definiciones han ido cambiando con el paso de los años.

En este diccionario, se define la palabra *virtud* como "la obediencia voluntaria a la verdad".[1] Vivimos en un tiempo cuando las personas batallan para determinar qué constituye la verdad. Yo sigo creyendo que existe lo correcto y lo incorrecto, la verdad y las mentiras, la excelencia moral y la rectitud. Principios no escritos dictan que el verdadero éxito y la felicidad no provienen de los pensamientos y las acciones impuras.

Cuando tenemos buenos pensamientos, cosas buenas se producen. Nuestras relaciones personales son mejores tanto profesional como personalmente. Vivir una vida positiva virtuosa es una elección.

Como seres humanos, se nos ha dado la capacidad de elegir. En verdad tenemos la responsabilidad de hacer tantas elecciones, no

---

[1] *Webster's 1828 Dictionary (1828)*, s.v. "virtue," http://webstersdictionary1828.com/Dictionary/virtue.

Toma decisiones reponsables

solo en cuanto a los aspectos físicos de nuestra vida, sino también en las áreas intelectual, emocional y espirituales. A todos nos toca elegir dónde viviremos en nuestra vida de pensamiento. Podemos dirigir nuestros pensamientos y determinar el curso que permitimos que nuestra mente siga.

> Por lo demás, hermanos, piensen en todo lo que es verdadero, en todo lo honesto, en todo lo justo, en todo lo puro, en todo lo amable, en todo lo que es digno de alabanza; si hay en ello alguna virtud, si hay algo que admirar, piensen en ello.[2]

Por medio de la bondad en tu actitud y tus acciones, creces como individuo y aumentas tu poder personal. Vivir virtuosamente crea un enorme poder. ¡La virtud que muestres atraerá a otros como un imán!

---

2 Filipenses 4:8 (RVC)

Escoge la virtud

Por los siguientes siete días, escribe los pasos que puedes tomar para vivir mejor una vida virtuosa.

Respeta a los demás

Se ha dicho que la variedad es lo que da sazón a la vida. Yo creo que eso es cierto. Pero más importante, creo que es cierto acerca de las personas con quienes nos rodeamos.

Somos criaturas de hábito. Con mucha frecuencia nos reunimos con personas que son idénticas a nosotros, y no nos permitimos el honor de llegar a conocer a personas de diferentes razas, etnicidades o estatus socioeconómico.

He aprendido a respetar a otros por medio de tomarme el tiempo de llegar a conocer a otras personas. He hecho un esfuerzo por llegar a conocer a personas que no se parecen a mí, ni viven donde yo vivo, ni participan en las actividades en las cuales yo normalmente participo. Hay una riqueza asombrosa de humanidad. Tenemos la oportunidad de llegar a conocerla si solo nos tomamos el tiempo y hacemos el esfuerzo.

Toma el tiempo para llegar a conocer a alguien que no se parece a ti. Posiblemente encuentres que tienen mucho en común, y el respeto mutuo puede que sea algo que comparten. Aprenderás algo en el camino. Posiblemente encuentres a alguien a quien le puedas traer valor. Y posiblemente descubras a alguien que agregue valor

Toma decisiones reponsables

a tu vida, quien estará allí por ti, y quien llegará a ser un amigo querido.

El desconocimiento puede provocar temor. Me hace recordar la historia de una mujer que estaba en un vuelo de Korean Air procedente de Seúl, Corea del Sur a Hawái. En el vuelo le tocó sentarse junto a una pareja que tenía un pequeñito de unos 18 meses de edad. Ellos no hablaban coreano y ella no hablaba inglés, pero al final del vuelo ella estaba cargando a su bebé. Cuando cada uno se fue por su propio camino, no hablaron palabras — solo se dieron un cálido abrazo.

Al honrar a otros te estás honrando a ti mismo. Sentir respeto por otros se traduce en el empoderamiento de otros. El respeto por otros es un cumplido supremo.

Respeta a los demás

¿Cómo respetas a alguien que no te agrada?

Respétate a ti mismo

El respeto es una de esas cualidades que puede ser difícil de definir. Todos lo quieren, pero a veces es difícil de dar. Tuve la oportunidad de presenciar un intercambio de respeto entre dos personas en un lugar inesperado, y fue hermoso.

Mientras yo estaba visitando una prisión estatal, la alcaidesa con quien estaba se dio cuenta de que uno de los presos no se había tomado el tiempo para afeitarse. Aparentemente ya se le había advertido a este preso acerca de su vello facial en una ocasión anterior. Delante de mi asistente y de mí, la alcaidesa, con gran respeto, corrigió al preso. En ningún sentido lo hizo de una manera que lo devaluaba. Hubo total respeto.

Fue claro en ese momento que la alcaidesa había creado un ambiente donde el respeto por uno mismo era importante. Respeto por tu apariencia, respeto por tu forma de hablar, respeto por cómo tratabas a otros eran importantes. Cuando la alcaidesa le mostró respeto al preso, el preso le mostró respeto a la alcaidesa; un ambiente de respeto se había establecido. Era en este ambiente que un preso podía descubrir cómo respetarse a sí mismo.

Posiblemente haya sido la primera vez que alguien le hubiera hablado al preso con respeto. Posiblemente haya sido la primera

Toma decisiones reponsables

vez que el preso se sintiera de tal manera acerca de sí mismo. Ese respeto por sí mismo pudo haber tenido un impacto profundo en sus decisiones en le futuro.

La alcaidesa no solo tenían un estándar de respeto que ella había escogido vivir en su vida, sino que también modelaba el respeto como un ejemplo para todas las personas que trabajaban en la prisión así como para los presos que estaban allí. Era una postura poderosa que tomar, y sus acciones ayudaron a enseñar a muchas otras personas cómo personificar el respeto también.

Respeto por ti mismo significa cultivar, proteger y empoderar tu ser espiritual y físico. Al respetarte a ti mismo, puedes respetar mejor a otros. Tienes que creer que eres importante y que importas. Tienes valor porque eres un ser humano—ni más ni menos que el valor que se le da a un príncipe o a una princesa.

¿Cómo te provees el enriquecimiento necesario para crecer y florecer?

Mantén los problemas en la vida en perspectiva

¿Alguna vez has considerado que todo tiene un propósito? Aprender a vivir la vida con propósito e intencionalidad nos dará una perspectiva que nos ayudará a navegar mejor los desafíos y las oportunidades en la vida. Cuando conocemos nuestro propósito, entonces los problemas en la vida no nos distraen tanto. Cuando sabemos por qué hacemos lo que hacemos, podemos mejor mantenernos enfocados en curso cuando enfrentamos desafíos.

Tener propósito requiere consideración y prestar atención a lo que está sucediendo en tu cabeza. Tus decisiones se hacen a propósito, con propósito, y para un propósito.

¿Alguna vez has conducido tu auto a un lugar, y una vez que llegaste, ni siquiera podías acordarte de cómo llegaste? No te podías acordar de si hubo semáforos en rojo, si te paraste, o cuáles calles tomaste. Puede suceder lo mismo en nuestra vida. Hacemos "cosas" en nuestra casa o en el trabajo, y las semanas pasan, una tras otra. Ha habido ocasiones en mi vida donde "desperté" y descubrí que simplemente estaba haciendo las cosas automáticamente. Me levantaba, iba al trabajo, trabajaba, regresaba a casa, y luego me acostaba.

Es tan importante disminuir nuestro ritmo y tomar el tiempo para reflexionar acerca de nuestras vidas, qué es lo que queremos experimentar, qué queremos lograr, y quién queremos llegar a ser. Debemos hacer lo mismo en nuestro trabajo y pensar acerca de quién queremos llegar a ser profesionalmente y cómo queremos impactar la organización donde trabajamos. Esto se trata de tomar tiempo para descubrir tus dones y comprender tu propósito. Luego puedes traer propósito a todo lo que haces.

Cuando nos tomamos el tiempo para ser intencionales, entonces los eventos comienzan a ocurrir por un propósito. Pero también tenemos que entender que hay algunos eventos que no podemos influir. No ocurren a causa de nosotros, pero nos afectan. Cuando aceptamos estos acontecimientos, aun los abrazamos, podemos incorporar decisiones alrededor de ellos de la misma manera en que tomamos decisiones alrededor de los eventos en nuestra vida que sí podemos controlar.

Una vez que vivimos con propósito, los eventos de nuestra vida caen en su debido lugar. Entendemos mejor la conexión entre un evento y otro. Estamos mejor posicionados para tratar con los asuntos problemáticos en nuestra vida que están, por su mayor parte, fuera de nuestro control.

¿Sabes mantener la cordura? ¿Están tus decisiones basadas solo en las emociones, o sí involucran pensamiento racional? ¿Los asuntos complicados menores de tu vida, tienden a interponerse en los asuntos mayores? Muchas veces, mantener la vida en perspectiva significa "salirte de ti mismo" y mirar tu situación con menos emoción. ¿Qué consejos le darías a otra persona en una situación similar? ¿Tiene sentido para ti este consejo objetivo?

Mantén los problemas en la vida en perspectiva

¿Cuándo es que permites que los acontecimientos en tu vida impacten tu manera de tomar decisiones?

Vive con humildad

Vivir con humildad puede ser una de las cualidades principales de un líder porque significa que ha pasado la mayor parte de su tiempo con otros en su mente. Pensar acerca de otros es crítico para un líder porque ser responsable del éxito y la seguridad de otras personas es la responsabilidad primordial de un líder.

Tuve el gran honor de servir como presidente del National Speakers Association (Asociación Nacional de Oradores) en 2008. Fue una gran responsabilidad dirigir a 3,600 miembros dentro de los Estados Unidos y más de 5,000 oradores profesionales a nivel internacional. De ninguna manera hubiera podido desempeñar bien mi función de presidente sin el apoyo de muchísimas personas más que me ayudaron a cumplir con mis deberes.

Cada decisión que se tuvo que hacer se hizo tomando en cuenta qué era lo mejor para los miembros y la organización, y eso requirió que yo constantemente tuviera a los miembros en mi mente. El liderazgo es una responsabilidad, y yo jamás hubiera logrado completar bien mi año sin un equipo de personas excelentes. Era crítico para mi éxito como líder de esta organización que yo entendiera que era el equipo lo que causaba que yo tuviera éxito, y no al revés.

Toma decisiones reponsables

Cuando crees que solo tú eres la persona responsable por el éxito, devaluarás la participación de tu equipo, disminuirás la importancia que ellos tienen para ti, y menoscabarás la relación entre ti y ellos. Cuando ves al equipo en tu derredor como el elemento crítico para tu éxito, respondes a ellos de manera diferente. Recompensas a tu equipo de manera diferente. Quieres ayudar y servirles de manera diferente. Ultimadamente, tendrán una relación diferente, y el éxito futuro vendrá más rápidamente para todos.

Para crecer y obtener logros, es importante poner tu enfoque en tu visión y tus metas. Al siempre buscar recibir el crédito para ti mismo, falsamente te estás levantando a ti a expensa de otros. Por medio de vivir una vida con humildad, levantas a otros. Ayudar a otros a lograr el éxito es la recompensa más grande para una persona humilde.

Vive con humildad

¿Cómo permites que tu ego influya en las palabras que usas y las acciones que tomas?

¿Cómo puedes eliminar tu ego de tus comunicaciones y relaciones personales?

Sé valiente

Recientemente entré a una prisión estatal, y mi mente iba a mil por hora. ¿Por qué estaban todas estas personas aquí? ¿Qué habían hecho? ¿Acaso no sabían que no lo debían hacer? Sin duda esto nunca me ocurriría a mí, ¿verdad? Es muy fácil hacer suposiciones acerca de las personas, sus situaciones y sus elecciones. Sin conocer todos los hechos, y sin haber estado en su situación, y sin entender las cosas con las que ellos han tenido que tratar, simplemente no podemos saber por qué tomaron las decisiones que tomaron.

Yo no estaba entrando a la cárcel como residente, sino más bien como invitado. La alcaidesa me había invitado a recorrer las instalaciones. Porque no sabía qué esperar, estuve muy atento mientras pasaba por seguridad y penetré la primera puerta asegurada. Pero cuando entré al pabellón de celdas y oí el cerrar de la puerta detrás de mí, todo se volvió muy real.

El pabellón que me estaban llevando a visitar era uno enfocado en principios cristianos, y los residentes habían pedido y obtenido permiso de estar allí. Había hilera tras hilera de literas. Cuarenta y ocho prisioneros estaban viviendo en este espacio. Una pared que solo llegaba a la cintura separaba el área general de las regaderas, inodoros y lavabos. Había un pequeño televisor, de unas 19 pulgadas, en la pared. Había mucha actividad dentro de esta área tan pequeña. Se sentía muy confinado.

La alcaidesa preguntó si había alguien que me quería contar acerca de este pabellón, y cómo era la vida allí. Un preso llamado Shane se acercó y dijo que compartiría. Dijo que había estado casado por 18 años pero que ahora estaba divorciado. Había sido dueño de una empresa grande de transportes de carga y en un momento había tenido a 450 personas bajo su empleo. Shane dijo que había tomado una mala decisión y que por eso estaba en la prisión.

Shane también compartió que estar en la prisión y en este pabellón era una oportunidad para cambiar, para mejorar. Se mostró emotivo al expresar que estaba agradecido de estar allí y por lo que estaba experimentando. Estaba descubriendo su fe y recibiendo claridad acerca de cómo quería vivir su vida y lo que creía. Yo no esperaba que compartiera ese sentimiento. Vi la mirada sincera en sus ojos mientras me hablaba, y sentí la emoción que él compartía e inmediatamente me sentí conectado a él. Fue un momento poderoso.

Shane estaba siendo un líder valiente. Tomó la iniciativa para acercarse y hablar. La primera característica del liderazgo es aceptar un desafío. Él hizo eso y lo hizo de manera excelente. Fue valiente y transparente. Compartió abiertamente acerca de su pasado, sus errores, y lo que creía. Tomó responsabilidad por sus acciones. Buscaba mejorar. Mostró su arrepentimiento. Mostró su remordimiento. Mostró gratitud por tener la oportunidad de estar en este pabellón que tenía el programa basado en principios cristianos. Todo esto ocurrió dentro de cinco minutos.

Es fácil esperar que "cierta clase" de persona esté en la prisión. Es fácil clasificar a los prisioneros basado en su raza o su estatus socioeconómico. Este hombre que hablaba tan bien destruyó lo que sería la expectativa de muchas personas.

Shane me enseñó mucho, y eso es lo que hacen los líderes. Los líderes siempre están enseñando. No necesariamente tienen la intención de enseñar, pero es lo que hacen—cada vez que estás con ellos. Shane me enseñó que la valentía que se requiere para tomar la iniciativa, admitir tus culpas y no esconderte detrás de falsas pretensiones es la valentía que te impulsará hacia adelante como persona y como líder. Las personas quieren seguir a líderes valientes.

Shane es la prueba de que el liderazgo no es posicional. "Preso" no está directamente conectado con el liderazgo en ninguna esquema organizacional. Se me destruyeron mitos y estereotipos acerca de la clase de personas que están en la prisión. Las personas cometen errores. Todos los cometemos.

¿Qué suposiciones tienes de las personas que posiblemente te estén reteniendo? ¿Inspiras a las personas en tu derredor? ¿Estás siendo un líder valiente?

Muchas veces permitimos que nuestros temores impidan que seamos valientes. Esto ocurre cuando nos enfocamos en lo que podría salir mal—que probablemente no saldrá mal. En su lugar, necesitamos enfocarnos en nuestros dones personales, cuáles posibilidades tenemos por delante, y la vida positiva poderosa que realmente estamos equipados a crear.

El temor al fracaso y lo desconocido impide el camino al éxito de muchas personas. Las personas que están "congeladas" por el temor no hacen lo que es necesario para lograr lo que están buscando. Si permites que el temor afecte negativamente tus acciones, te estás condenando al fracaso por medio de la inactividad. ¿Puedes controlar tus temores, o estos te controlan a ti? ¿Permites que algo se interponga en tu camino hacia lograr lo que estás buscando?

Toma decisiones reponsables

¿Qué temores están impidiendo que avances?

¿Cómo puedes superar esos temores?

¿Qué puedes hacer para ser más valiente?

Haz lo que tienes que hacer hasta que puedas hacer lo que quieres hacer

Sacrificio es una palabra que no siempre queremos aplicar a nuestras vidas, pero todo lo que vale tener tiene un costo. Muchas veces vemos las cosas que queremos pero no queremos pagar el precio. Hasta que estemos dispuestos a pagar el precio, es muy improbable que podamos tener lo que deseamos.

Yo era corredor de campo en la preparatoria, y junto con los demás de mi equipo, soñaba con correr en el maratón de Boston. Después de muchos años de competir en el atletismo, volví a involucrarme en mi amor por correr, comencé a entrenarme, y eventualmente califiqué y corrí en el maratón de Boston.

Poder calificar y correr en el maratón me costó tiempo, disciplina, y dolor físico. Me levantaba la mayoría de las mañanas a las 5:30 am, corría alrededor de 70 millas por semana, y le prestaba muchísima atención a mi dieta a fin de estar en muy buenas condiciones y correr lo suficientemente rápido para calificar y luego competir en la carrera. El precio que pagué antes valió en todos los sentidos por la recompensa y la satisfacción que recibí por estar en este evento asombroso.

Toma decisiones reponsables

En el proceso, escogí dejar de desvelarme para poder levantarme temprano. Escogí dejar de comer algunos alimentos que disfrutaba a fin de estar en la mejor condición física posible. Escogí dejar a un lado algunas actividades los sábados para poder correr entre las 20 y 24 millas necesarias para luego poder aguantar bien la duración tan pesada del maratón. Hice lo que era necesario a fin de hacer lo que realmente quería hacer – ¡correr en el maratón de Boston! No tengas miedo de sacrificar la gratificación instantánea. Vivimos en un mundo donde las cosas que queremos, las queremos ahora mismo. Quedamos endeudados con fin de tener las cosas por las que no podemos pagar en el momento, o gastamos nuestro dinero en "comida rápida", porque no nos queremos tomar el tiempo para cocinar. Ambas cosas traen consecuencias a largo plazo cuando consistentemente hacemos estas elecciones.

Piensa en lo que quieres lograr, quién quieres llegar a ser, y la vida que quisieras vivir. Luego pregúntate: ¿A qué es necesario que yo me comprometa hoy para que pueda lograr esa vida mañana?" No estoy diciendo que tienes que dejar todo lo que disfrutas en la vida. Estoy diciendo que pagar un precio hoy bien podrá sentirse como un precio muy bajo que pagar cuando logres tus sueños.

No hay éxitos de la noche a la mañana. Lo que parece ser éxito instantáneo usualmente toma meses y aun años de trabajo dedicado, que lentamente crece al éxito eventual. No busques gratificación instantánea.

Reconoce que si trabajas duro en lo que se tiene que hacer, cosecharás las recompensas y llegarás a donde quieres estar.

Haz lo que tienes que hacer hasta que puedas hacer lo que quieres hacer

¿Qué necesitas estar haciendo para lograr tus sueños?

Está dispuesto a tomar decisiones difíciles

Reconocer lo que crees y valoras es una de las cosas más importantes que puedes hacer por ti mismo.

Simplemente porque dices que crees algo no significa que sea verdad. Si tus acciones no apoyan la creencia, entonces no es verdaderamente una creencia. Es esencial tener un conjunto claro de valores no negociables que puedan despertar tu poder personal único y auténtico. Estas creencias no negociables son las que dan forma a las acciones que se alinean con lo que dices creer.

Cuando sabemos qué en nuestra vida no es negociable, sabemos dónde están nuestro poder y control. Las personas que forjan valores poderosos positivos no son perfectas, pero son más propensas a tener vidas que funcionan bien y atraen a otros. Son más propensas a vivir vidas diseñadas con propósito.

Las decisiones difíciles se hacen más fáciles cuando sabemos lo que creemos. Cuando tomamos el tiempo para decir qué es no negociable en nuestra vida, entonces lo que estamos haciendo es tomar decisiones antes de que las situaciones siquiera se presenten.

Uno de mis valores es la integridad. Yo defino la integridad como: "Tomo decisiones basadas en la creencia de que mi palabra

Toma decisiones reponsables

es mi garantía y que hacer lo correcto es siempre la cosa correcta que hacer. Me comprometo a esto sí o sí". Como todos nosotros, me encuentro en situaciones donde tengo que tomar una decisión acerca de cómo actuar o qué hacer. Posiblemente le haya dicho a un amigo que haría algo o me comprometí a ayudar a alguien con un proyecto. Aun cuando una oportunidad emocionante se presente, yo sé que "mi palabra es mi garantía" y es un "sí o sí" para mí. ¡La decisión ya está hecha!

Es importante que conozcas tus valores y que continuamente trabajes para incorporarlos en tus decisiones. Vivir tus valores consistentemente te ayudará tanto con las decisiones fáciles como, y más importante, las decisiones difíciles.

Las decisiones pueden ser difíciles. ¿Puedes tomar una decisión difícil?

Muchas veces una decisión que mejor le conviene a otra persona puede que no sea la mejor para ti. ¿Puedes hacer lo que es correcto aun si el resultado no es el mejor para ti? Algunas decisiones son incómodas para nosotros como individuos, pero de todas maneras las tenemos que tomar.

¿En qué área batallas para tomar decisiones?

Esfuérzate por la excelencia

Después de cada programa que presento, mi asistente y yo nos tomamos el tiempo para hacer la pregunta, "¿Cómo lo podemos mejorar?" Sin importar cómo el público recibió el programa, constantemente nos esforzamos por la excelencia.

La parte interesante es que no importa cuánto tiempo hemos estado haciendo esa pregunta, siempre encontramos una idea o manera para mejorar el programa. A veces es probar algo nuevo que finalmente no funciona, y regresamos a hacer las cosas como las hacíamos antes. A veces hacemos pequeños cambios para ayudar el programa en general. Constantemente estamos haciendo esa pregunta y continuamente encontramos maneras de mejorar.

La excelencia es un proceso. Es una mentalidad, una manera de pensar; una meta constante que está delante de ti. La excelencia no se trata de perfección. La perfección es una meta que nunca podemos obtener. Las personas que buscan la perfección terminan frustradas y nunca logran la meta. Las personas que buscan la perfección siempre están esperando el tiempo perfecto para empezar un proyecto o hacer algo. No es raro ver a personas que se esfuerzan por la perfección lograr menos comparado a las personas que procuran la excelencia.

Toma decisiones reponsables

Favor de no malinterpretar que esforzarse por la excelencia significa que nunca estarás satisfecho con lo que tienes. Yo siempre estoy agradecido por lo que he logrado.

Las personas que se esfuerzan por la excelencia siempre quieren mejorar. Para ellos, la excelencia es un estilo de vida que los motiva a ser lo mejor que pueden ser. Cuando logran una meta que tenían, simplemente se ponen otra meta.

Cuando nos esforzamos por la excelencia, hemos tomado la decisión consciente de entrar a un proceso de siempre mejorar en lo que hacemos. Ser mejor no solo impacta nuestras vidas, sino impacta las vidas de todas las personas en nuestro derredor. Buscar la excelencia establece un ejemplo que puede inspirar a otros que quieren esforzarse por la excelencia también.

La excelencia es una manera de pensar. No es una manera de hacer. Cuando te esfuerzas por la excelencia, no te conformas con solo terminar la tarea; quieres completar tus tareas con un nivel de calidad que va más allá de lo simplemente aceptable.

Esfuérzate por la excelencia

¿Qué creencias podrías tener que impiden que llegues a un nivel de excelencia en todo lo que haces?

Decide buscar el conocimiento

Con mucha frecuencia pensamos en la educación dentro del contexto de las etapas de la vida. Se nos enseña que uno debe cursar desde la pre-primaria hasta la preparatoria y luego, si cuentas con los medios suficientes, ir a la universidad o aun hasta estudios posgrados. Pero el conocimiento siempre está a nuestra disposición en la sociedad de hoy a través del Internet, la biblioteca, los canales de televisión educativos como PBS y los millones de libros que se han escrito. A través de estos medios podemos aprender cualquier cosa que deseemos. YouTube nos enseña cómo construir, componer, cocinar o confeccionar cualquier cosa—lo que se te ocurra. Lo que podemos aprender no tiene límite.

Siempre he sido un buscador de conocimiento. Siempre he querido aprender más acerca de las áreas en las cuales he tenido interés tales como mi profesión, mis pasatiempos y las personas. Cuando era dueño de un negocio que fabricaba ventanas y puertas, aprendí todo lo que podía acerca de esa industria.

Recientemente, mi anhelo por el conocimiento ha tomado una nueva dimensión. Más que nada ha sido un camino espiritual, y a lo largo de esa travesía estoy encontrando que mi búsqueda por conocimiento en esta área se ha vuelto mucho más significativa. He comenzado a comprender a fondo lo que verdaderamente creo y valoro. Y gracias a mi búsqueda por entender mejor mis valores y creencias; mis relaciones personales, mi negocio y mi vida se han enriquecido grandemente.

Cuando buscas conocimiento, estás invirtiendo en ti mismo. La educación abre puertas. Y conforme amplías tu educación, amplías tus posibilidades. La educación no tiene que ser tradicional o formal. Puede ser espiritual, puede venir de los libros que decides explorar, y puede venir de las personas con las que te rodeas.

¿Cuál es tu plan para el aprendizaje y desarrollo personal continuo?

Enfócate y suple las necesidades de otros

Mi esposa y yo nos hemos visto bendecidos con cuatro hijos maravillosos que ahora son adultos exitosos. Así que ahora se están casando y nos están bendiciendo con nietos. Ha habido tantas fiestas de cumpleaños, y habrá muchas más. Celebrar los cumpleaños es una manera maravillosa de enfocarte en las necesidades de otros y suplirlas.

Mi esposa siempre hace que cada cumpleaños sea muy especial. Ella hace que cada uno de nosotros se sienta como si ese día fuera diseñado especialmente para nosotros. La noche antes de un cumpleaños, mi esposa siempre se sentaba con nuestros hijos y les preguntaba qué había sido la mejor parte del año que acababa de pasar. Después de compartir los momentos más destacados, les preguntaba cuáles eran las posibilidades para el año por delante. Se aseguraba de que toda la celebración del cumpleaños tuviera un enfoque. Se trataba de la persona y de ayudarle a estar agradecido por lo que tenía.

Nunca pensé que celebrar un cumpleaños podría ser una necesidad básica de un individuo. Yo siempre había tomado una fiesta sencilla de cumpleaños por hecho hasta que mi esposa y yo experimentamos un ministerio que hace fiestas de cumpleaños para niños que han sido retirados de sus hogares debido a alguna forma de abuso. Muchos de los niños nunca antes habían tenido una fiesta de cumpleaños. Nadie nunca antes se había enfocado en ellos y sus necesidades. Provocó mucha humildad observar a estos niños ser agradecidos por los regalos que extraños les regalaban. Ver sus rostros iluminarse porque recibieron lo que habían deseado fue una experiencia que nunca quiero olvidar.

Es que, nadie antes había ayudado a algunos de estos niños a sentirse especiales, y sus necesidades siempre fueron secundarias en su casa. Enfocarse en las necesidades de otros y procurar su éxito es un regalo de ti a ellos. El impacto que tienes en su vida es significante, y el impacto que ellos tendrán en las vidas de las personas a su alrededor es inmenso.

¿Qué tan importante es el éxito de quienes te rodean? ¿Pasas tiempo ayudando a otros lograr el éxito? Ayudar a otros es una recompensa en sí. Y finalmente, posiblemente encuentres que por ayudar a otras personas lograr sus metas, puede que ellos te quieran ayudar a lograr las tuyas.

Enfócate y suple las necesidades de otros

¿Qué significa enfocarte en las necesidades de otros?

¿Cómo puedes satisfacer mejor las necesidades de las personas en tu vida?

No prejuzgues a las personas

Mi asistente interactúa regularmente con un grupo de personas muy diversas. Desde personas de edad muy mayor, hasta niños en el sistema de albergues del gobierno, a mujeres que están en proceso de recuperación, a personas ricas, a personas pobres, a personas de cada color—y dice que todos son sus amigos. Es increíblemente poderoso verla interactuar con todas estas amistades, pues les habla y trata a todos exactamente igual – con amor, respeto y honor.

Tuve la oportunidad de conocer a varios de sus amigos y me impresionó un hombre joven en quien posiblemente no me hubiera fijado hace algunos años. La historia de su vida no es ningún secreto escondido—pues se aprecia su historia en todos los tatuajes en su cuerpo. Hubo un tiempo en mi vida cuando yo lo hubiera juzgado como alguien no digno de mi tiempo y de mi atención.

Este joven compartió conmigo una historia muy conmovedora. Aprender acerca de sus desafíos y cómo los superó me enseñó que todas las personas tienen algunas cosas en común. Todos enfrentamos desafíos. Simplemente pueden ser desafíos diferentes. Simplemente porque alguien se ve diferente no significa que son "menos" o "más".

Toma decisiones reponsables

Llegar a conocer a este hombre joven me cambió a mí y mi indiferencia hacia las personas que nos se parecen a mí, no vienen de mi mismo trasfondo socioeconómico, ni creen lo que yo creo. Mi manera de ver a las personas, abrirme a ellas y acogerlas se ha alterado para siempre. Este hombre es inteligente, emprendedor, y como todos nosotros, quiere importar y ser exitoso. Su mérito no se define por cómo se ve o por algún juicio injusto que yo haga.

Una de las razones principales por las cuales las personas fracasan es porque prejuzgan si una persona puede o no hacer algo. ¿Acaso la ropa, la apariencia o la residencia en verdad dice algo importante acerca de ellos? Su sexo, raza o credo ¿en verdad hace una diferencia en la habilidad de alguien de realizar cierta tarea?

¿Cómo tratas a las personas? Si eres una minoría, ¿cómo quisieras que te trataran? Tus acciones y declaraciones necesitan ser una afirmación de que crees en la equidad. No dejes pasar oportunidades porque has prejuzgado el resultado final. Dale a las personas una oportunidad justa de producir resultados positivos.

No prejuzgues a las personas

¿Qué cosas hay dentro de ti que causan que no trates a las todas las personas de igual manera?

Cree en ti mismo

De todos los grupos de personas a quienes he tenido la oportunidad de hablar, el grupo que me conmovió más es un grupo de mujeres que se están recuperando de la adicción. Estas mujeres valientes me mostraron lo que significa creer en ti mismo.

Un paso que tienen que tomar a fin de ya no recaer es aprender a creer en ellas mismas otra vez, porque la enfermedad de la adicción les ha quitado a sus familias, su dignidad, y sentido de auto-valor. El programa muy exitoso del cual participan estas mujeres está diseñado a volver a levantar su autoimagen y autoestima. El programa está diseñado a hacer que estas mujeres reconozcan el verdadero valor que tienen como personas. La cualidad singular que todos nosotros necesitamos que es prevalente en su travesía es la fuerza. Requiere de fuerza creer en ti mismo cuando todos los demás han dejado de creer en ti. Estas mujeres pelean contra el demonio de la adicción a diario, y uno de sus más grandes aciertos es creer en ellas mismas y en que pueden mantenerse sobrias.

Todos enfrentamos desafíos de fracaso, incertidumbre y debilidad. Todos tenemos momentos cuando necesitamos enfrentar una situación y tomar una decisión. Aunque es agradable cuando las personas creen en ti, es mucho más importante que tú creas en ti mismo. Esta fuerza interior tiene el poder de guiarte a través de las situaciones más difíciles. Aun si no puedes conocer el resultado de lo que está por delante, creer en ti te permite avanzar, mantenerte firme estable y persistir. Tu autoestima o limita o aumenta tu habilidad de enfrentar tu desafío, sea cual sea, exitosamente. Si te miras como un perdedor, es imposible ser un ganador. Si tu autoimagen es sana, tendrás mayor voluntad y mayor habilidad para obtener el éxito. Las personas con buena autoimagen entienden mejor la relación entre su ser óptimo y su ser real y constantemente se están esforzando para llegar a su potencial más alto.

Cree en ti mismo

¿Cómo te ves?

¿Que se puede hacer para fortalecer tu autoestima?

Toma decisiones reponsables

Si tuvieras mayor autoestima, ¿qué podrías lograr?

Conoce lo que crees

Yo estaba en Nueva York, presentando un programa nuevo acerca de conocer lo que crees y valoras. La noche antes del programa, me invitaron a una cena con algunos de los líderes de la organización. Después de la cena, tuvimos una discusión abierta acerca del programa que yo iba a presentar al siguiente día. La conversación iba muy bien, y yo sentía que el grupo estaba alcanzando un entendimiento de lo que significa conocer lo que crees.

Recibí una pregunta que en el momento luché para contestar. Un caballero que había estado participando y escuchando la conversación me preguntó, "Sam, ¿qué haces si no conoces lo que crees?

No supe qué decir y batallé para dar una respuesta. Salí de allí sin haber dado una respuesta sólida a su pregunta. Reflexioné sobre su pregunta por meses. Tuvo un efecto profundo sobre mí. Era importante que yo tuviera una respuesta.

Hoy, yo le pediría que pensara en las cosas que él valora en su vida que rehúsa ceder. Le preguntaría, "¿Cuáles son tus valores fundamentales, tus valores relacionales, tus valores profesionales y tus valores comunitarios? ¿Qué es no negociable en tu vida?"

Toma decisiones reponsables

Cuando conoces lo que crees, tus acciones se alinean con tus palabras. Muchas veces es fácil decir lo que es correcto. ¿Tus acciones concuerdan con tus declaraciones? "Haces lo que dices o dices una cosa y haces otra? ¿Esperas más de otros que lo que esperas de ti mismo?

Cuando tus acciones se alinean con tus palabras, ganas credibilidad. Las personas creen en lo que dices y son más propensos a ayudarte a perseguir tus metas. Conforme tus hechos se alineen con tus palabras, te darás cuenta de un incremento significativo en tu productividad y nivel de logro.

Conoce lo que crees

¿Cuándo, en tu vida, no se alinean tus acciones con lo que dices que crees?

Escoge cuidadosamente el estándar por el cual vives tu vida

Con cuanta frecuencia nos encontramos en situaciones que desafían nuestra fe.

En ocasiones pueden ser desafíos financieros, desafíos relacionales, desafíos de la salud, o desafíos emocionales. Y sí, en ocasiones ¡enfrentamos todos estos a la vez!

Como seres humanos, en cada situación, lo que creemos determina cuál será nuestra respuesta cuando llegan los desafíos. Nos vamos con lo que conocemos. Nos apoyamos en lo que creemos. Buscamos respuestas dentro del estándar por el cual escogemos vivir nuestras vidas.

En la película que salió en 2014, Hércules, el personaje principal, personificado por Dwayne Johnson, y sus camaradas aceptan el desafío de transformar a un grupo de granjeros y comerciantes en guerreros después de que el ejército del Lord Cotys es destruido por el enemigo, el caudillo Rhesus. Hércules y sus camaradas entrenan a esta banda de inadaptados, enseñándoles cómo proteger al Lord Cotys en la batalla usando el "muro de escudo".

El muro de escudo es una posición de batalla que requiere que los guerreros planten sus pies, bloqueen sus escudos, y formen una

Toma decisiones reponsables

fortaleza humana alrededor del Lord Cotys. Hércules les dice a sus aprendices, "El muro de escudos nunca romperá la formación. Recuerda estas palabras y saborearás la victoria".

Esto se convirtió en su estándar. Llegó a ser lo que creían y la base para sus decisiones. Ultimadamente, por mantenerse firmes en cuanto a su estándar, aun en las situaciones más difíciles —y esa es la clave—pudieron experimentar la victoria. Escogieron creer en el muro de escudos. Estaban comprometidos a establecer y mantener ese muro a toda costa. Ese era su estándar.

Mides tus decisiones, resultados y valores en base al estándar que has escogido. Las personas querrán asociarse contigo a causa de quién eres y lo que representas. Las personas se sienten naturalmente atraídos hacia otros con valores similares.

Escoge cuidadosamente el estándar por el cual vives tu vida

¿Qué es tu estándar?

¿Cómo se manifiesta tu estándar en tu vida?

Sé generoso

Las personas que son generosas viven de una mentalidad de abundancia. Tienen una abundancia de tres cosas con las cuales son generosas: Dan de su tiempo, su talento, y su tesoro. Buscan dar de su tiempo, talento y lo que les es importante con liberalidad.

Ser generoso es más que meramente dar dinero a tu organización benéfica favorita o darte de voluntario en un refugio para las personas que no tienen dónde vivir; ambas siendo cosas maravillosas que hacer. Las personas que son generosas van más allá del acto ocasional de darse de voluntario o de aportar económicamente, y se han vuelto compulsivos en cuanto a dar de su tiempo, su dinero y su tesoro. No pueden resistir hacerlo.

Si en algún momento te ha tocado conocer a alguien que es verdaderamente generoso, es imposible despedirte de ellos sin reconocer que has recibido algo de valor. Las personas generosas viven de la abundancia porque ésta es la manera que piensan; piensan que tienen más que suficiente. Las personas verdaderamente generosas saben que no se trata de lo que recibes; se trata de lo que das.

Toma decisiones reponsables

El dar refuerza tu fe en lo que crees. Dar es una inversión en tu espíritu, tu bienestar, y otras personas. Dar siempre trae rendimientos.

Posiblemente al igual que yo has tomado nota de algunas personas que, sin importar qué tan poco tengan, siempre encuentran una manera de aportar a una causa o dar a alguien que posiblemente lo necesite más. Y también hay aquellas personas que, sin importar qué tan bendecidas sean y cuánto tengan, luchan para deshacerse de cualquier cosa. Dar es una forma de pensar y ser.

¿Siempre estás buscando recibir? ¿Buscas primero dar o tomar? Es una ley no escrita que no puedes tomar más de lo que das. Una sociedad exitosa está edificada sobre personas que dan a otros. Posiblemente no recibas de vuelta de parte de las personas a quienes das, pero se te regresará de alguna manera. Entre más das, más recibirás. Ayudar a otros a alcanzar el éxito no solo resultará ser más gratificante, sino que también crecerás en el proceso. Conforme crezcas, te encontrarás más cerca a tus metas.

Sé generoso

¿Cómo se muestra la generosidad en tu propia vida?

¿Cómo puedes hacer más por otros?

Vive para hoy

Las personas que están en programas de recuperación tienen que aprender a vivir en el momento y prestar atención a los pensamientos que entran a su mente. Tienen que aprender a participar en su vida de pensamientos si van a poder permanecer limpios sin recaída.

A fin de que se recuperen y lleguen a ser sanos, tienen que aprender a vivir para hoy porque son muy conscientes de que hoy es todo lo que tienen. Saben que ayer es solo una memoria, y mañana es un ensueño, y que hoy se convierte en un momento muy precioso en el tiempo.

La verdad sea dicha, eso es todo lo que todos tenemos. Lo que decidamos hacer en el aquí y ahora es lo que determinará nuestro futuro. Debemos planear el futuro y recordar el pasado – pero sin sacrificar vivir la vida a su máxima plenitud en el presente.

Tanto mi esposa como yo tenemos madres con desafíos con su memoria. Muchas veces nos sentamos a comer a mediodía, y ellas no pueden recordar lo que desayunaron. De lo que nos hemos dado cuenta es que cuando pasamos tiempo con cualquiera de ellas, disfrutan mucho del tiempo que compartimos. Nosotros también.

Toma decisiones reponsables

No importa que no se acuerden del desayuno. En ese momento, lo único que nos importa a nosotros y a ellas es que ellas están se la están pasando bien, disfrutando de estar juntos y disfrutando de los maravillosos momentos que nuestra familia comparte con ellas. Vivir para hoy es lo que tenemos, y nos encanta cada momento del mismo.

Hay algunas preguntas clave que nos debemos hacer cada día. ¿Qué hacemos ahora mismo? ¿Cómo vivimos hoy? ¿Cómo hacemos que hoy sea lo mejor que puede ser?

El pasado ya pasó. No podemos afectar nada que haya venido antes que ahora. El futuro inspira nuestras acciones hoy y nos da la energía para hacer lo que tenemos que hacer para alcanzar nuestros futuros. El presente es donde tomamos acción y logramos resultados.

Si nos la pasamos pensando en nuestros fracasos pasados, perdemos de vista nuestra visión y nuestras metas. Cuando eso sucede, la fuente de nuestra energía para hoy se desvanece, y nos desviamos del curso correcto. Aprende del pasado. No vivas allí. Mira al futuro. Toma energía de la imagen vibrante que pintas de lo que deseas, y haz hoy todo lo necesario para lograr esa visión.

Vive para hoy

¿Qué harás hoy para asegurarte de que estás viviendo la vida al máximo?

Sé feliz

No importa en qué etapa de la vida estés, puedes ser feliz. Ser feliz es una elección. Es una manera de pensar.

Si ser feliz es una elección, entonces estar triste o frustrado o molesto también son elecciones. ¿Alguna vez te has dado cuenta de que algunas personas siempre están enojadas así que nunca es agradable tenerlos cerca? ¿Conoces a personas que siempre están felices, que siempre tienen una palabra amable, y que siempre es un gozo estar con ellos? La felicidad es contagiosa. Cuando una persona feliz está alrededor de otras personas, éstas también naturalmente comienzan a sentirse felices. Cuando alguien se ríe, nosotros naturalmente queremos reírnos también.

Yo creo que hay tres cosas que necesitas a fin de superar cualquier etapa de la vida. Si tienes una palabra a la cual aferrarte, una canción que cantar, una amistad con quien conversar, vas a estar bien.

Durante mis años de crianza, mi papá siempre nos decía a mí y a mis hermanos cuando salía de la casa, "Paz en la tierra, buena voluntad hacia los hombres". Mi papá no quería que nos enojáramos los unos con los otros o que empezáramos pleitos. Quería que estuviéramos felices, que descubriéramos el gozo, y que disfrutáramos el uno del otro. Estas palabras todavía tienen significado para mí hoy, y frecuentemente me acuerdo de las palabras de mi padre cuando necesito calmar una tormenta en mi vida. Sus palabras se han convertido en mis palabras. Busco la paz y me enfoco en ser feliz con las muchas bendiciones que tengo.

La música es universal, y no hay nada como escuchar una buena música cuando te sientes feliz o triste, estás llorando o riéndote, o simplemente estás sentado, dejando que la música llene tu ser. ¡Siempre es un buen momento para cantar!

Finalmente, todos necesitan a alguien con quien conversar. No hay nadie como un(a) amigo(a). Puedes compartir con una amistad. Puedes encontrar ayuda en una amistad. Una amistad puede ser una voz calmante en tu vida.

La vida siempre tiene sus desafíos, y depende totalmente de nosotros cómo navegarlos. Toma la decisión de recorrer esta vida con una sonrisa en tu rostro. La felicidad es una elección. Sé feliz con lo que sí tienes. La felicidad no está basada en nada externa. Se genera internamente. Tomas la decisión de ser feliz. Ser feliz con lo que tiene lleva a la gratitud, y la gratitud lleva al agradecimiento, y eso es lo que ultimadamente generará más felicidad.

Sé feliz

¿Cuál es tu palabra?

Escoge tu canción.

Diles a tus amistades lo que significan para ti.

Confía en las personas hasta que den una razón para no hacerlo

Solo se nos confía algo cuando alguien cree en nuestro carácter. Que alguien nos confíe algo es una posición de mayordomía. Se nos está pidiendo que administremos algo que es importante para otra personas. Ser conocido como un buen administrador o mayordomo significa que alguien cree en tus habilidades.

He trabajado con varias organizaciones a lo largo de los años, y hay líderes que me han dicho, "Mis empleados se tienen que ganar mi confianza". Mi respuesta siempre es, "No deben tener que ganarse tu confianza. Como líder, primero se las debes dar. Si quieres que tus empleados sean dignos de tu confianza, muéstrales qué tan digno de confianza eres tú. Si ellos se tienen que ganar tu confianza, no deben trabajar para ti. ¿Por qué contratarías a alguien en quien no confías?"

Cuando das confianza, recibes confianza, no al revés. Posiblemente, al igual que yo, has escuchado a alguien decir, "No confío mucho en otros". Es una lástima, porque probablemente no va a haber muchas personas que van a tener confianza en ellos. Las relaciones personales se forjan en la confianza, y a estas personas sin duda les faltará relaciones significativas. A veces cuando no confiamos en las personas, se trata de un problema que nosotros tenemos, y no del individuo en quien no confiamos. Posiblemente alguien nos haya desilusionado porque nos permitimos tenerles confianza. No permitas que la falta de confiabilidad de una persona impida que confíes en otras personas.

Mostrar confianza empodera a las personas. Las personas empoderadas tienen la capacidad de lograr más. La confianza es edificante. Las personas saben si confías en ellos a un nivel casual o si confías en ellos a un nivel más significativo y profundo. La respuesta que recibirás de las personas está basada en el nivel de confianza que sienten. La confianza es una creencia firme en alguien y su capacidad.

Confía en las personas hasta que den una razón para no hacerlo

Escribe lo que impide que confíes en las personas.

Confía en ti mismo

Tenemos un botón interno que nos hace distinguir lo correcto de lo incorrecto y lo bueno de lo malo. Posiblemente en algún momento renunciaste de tu puesto en tu compañía, sin estar seguro de lo que estaba por venir, pero sabías que era la cosa correcta que hacer. Pero poco tiempo después, te encontraste desempeñando el trabajo el trabajo de tus sueños.

En ocasiones no sabemos cuál es el próximo paso; simplemente sabemos que tenemos que tomar el próximo paso. Lo único en lo cual nos basamos es un sentimiento o nuestro instinto básico. Muchas veces nos convencemos a nosotros mismos a no hacer algo porque tenemos temor, no confiando en ese conocimiento interno.

Dar el próximo paso es una decisión. A veces luchamos con tomar decisiones, pero eso siempre nos detendrá y nos negará nuestro potencial. Mira a tu decisión de avanzar como una decisión de salir en una aventura. Posiblemente no sepamos dónde vamos a terminar, pero la vida nos ofrece tantas posibilidades positivas que escojo creer que donde terminemos será maravilloso.

Siempre he encontrado que en mi ser más interior, he sabido qué era la cosa correcta que hacer. No siempre escuché, sin embargo.

Después, pensaba que debí haber escuchado; debí haber confiado en mí mismo. Confiar en ti mismo es un comportamiento aprendido y es reforzado con el tiempo. Tienes todo lo que necesitas para ser exitoso. Confía en que estás listo.

Yo creo que todos tenemos talentos y dones únicos, pero el que todos tenemos en común es la habilidad de confiar en nosotros mismos cuando nos hemos tomado el tiempo para verdaderamente conocer quién somos. Este no es un evento de una sola vez. Es un proceso de vivir consistentemente tus valores, y eso no siempre es fácil. Pero un compromiso al proceso te formará, y confiarás en tus decisiones.

¿Tienes confianza en tus habilidades? ¿Confías en ti para tomar una decisión? Cuando crees en ti mismo y tu habilidad, desarrollas una confianza que te puede hacer avanzar. Confiar en ti mismo significa que crees en ti sin dudar. Creer totalmente en ti mismo edifica el fundamento para que confíes en otros.

Confía en ti mismo

Toma dos minutos para escribir tus pensamientos después de leer la página previa.

Cumple con tus compromisos

Todo el poder de lo no negociable surge del hecho que representa el estándar que has tomado y que vives primero en tu vida personal y que se extiende en cómo te desenvuelves en tus negocios. No es al revés. Es un estándar por el cual mides cada decisión—y nunca vacilas.

He observado a personas que han mantenido los más altos estándares de integridad y aquellos que vacilan y que no se comportan de la misma manera en la mesa de cena como en la mesa directiva —y la diferencia es evidente en su éxito. La diferencia también es evidente en sus relaciones interpersonales.

Alguien que siempre vive sus no-negociables y nunca vacila siempre atrae a las personas hacia ellos. Se les admira por su fuerza de carácter. Forjan sus relaciones con otros y crecen en sus redes personales y profesionales.

Aun cuando usamos palabras universales como "estándares" y "compromisos", las personas las interpretan de manera diferente. Para ayudarnos a entender el verdadero significado de lo que estoy comunicando, considera los tres niveles de compromiso con nuestros estándares.

EL NIVEL MÁS BAJO DE COMPROMISO A NUESTROS ESTÁNDARES ES LA OPINIÓN.

Por ejemplo, considera el compromiso "Haz lo que es correcto". También podríamos decir, "Yo hago lo que es correcto". Lo podríamos decir de una variedad de maneras. Pero no importa cómo escojamos decirlo, al nivel más bajo, no tenemos ninguna acción que sirva de evidencia que lo decimos en serio. Solo es pura habla. Solo ha habido una expresión verbal sin acción tangible de nuestra parte para darle peso a la opinión que hemos compartido. Todavía no hemos hecho nada para darle peso al valor. Como resultado, todavía no hemos establecido un no-negociable.

EL SIGUIENTE NIVEL DE COMPROMISO A NUESTROS ESTÁNDARES ES LA ACCIÓN.

A este nivel, hemos tomado alguna clase de acción consciente, por pequeña que sea, para darle peso a lo que hemos dicho. Así que si hemos hecho lo correcto a propósito, aun si haya sido una sola vez, entonces habremos avanzado al segundo nivel. Ya no se trata solo de una opinión. Podemos defender nuestra opinión basado en la evidencia. El problema es que, en este punto, nuestras acciones no son siempre consistentes. En otras palabras, puede que no tomemos acciones que apoyen nuestras palabras en todo momento. Por ejemplo, posiblemente solo demos peso a nuestras palabras con acciones cuando es la cosa fácil o popular que hacer. Todavía no hemos identificado un no-negociable.

EL TERCER NIVEL DE COMPROMISO A NUESTROS ESTÁNDARES ES EL NO-NEGOCIABLE.

En este nivel, hemos tomado la decisión de adoptar una postura firme que da peso a nuestra opinión o creencia, aun cuando

Cumple con tus compromisos

posiblemente sea más fácil hacer algo diferente. En otras palabras, nos mantenemos firmes cuando no es popular o cuando es difícil hacerlo. Nos mantenemos firmes y hacemos que el estándar de "Hacer lo correcto" sea algo inflexible en nuestra vida.

Es algo interno, algo de lo cual nos hemos apropiado, un resultado que podemos controlar ... y que de hecho, sí controlamos.

Siempre que decidimos que algo es un absoluto en nuestra vida, y luego lo vivimos como un no-negociable, podemos controlar ese aspecto de nuestra vida.

Una opinión o una acción solo llega a ser un no-negociable una vez que hayamos tomado una postura firme aun cuando sería más fácil no hacerlo. Solo hablar acerca del estándar no es suficiente.

Cuando haces un compromiso con alguien, ¿lo cumples? Cuando haces un compromiso contigo mismo, ¿lo cumples? Un compromiso es un absoluto sin manera de justificar no cumplirlo. Cumples un compromiso sí o sí. ¿Cumples todas tus obligaciones, tanto las desagradables como las agradables?

Toma decisiones reponsables

¿Qué haces para impedir que las racionalizaciones y justificaciones impidan que cumplas todos tus compromisos?

Establece metas

Todos tenemos áreas en nuestras vidas donde queremos mejorar, y una manera de hacerlo es establecer una meta. Muchas veces establecemos una meta para nosotros que no alcanzamos porque es demasiado grande o es imposible de obtener así que nos desanimamos. Cuando nos desanimamos, comenzamos a pensar pensamientos negativos y nuestras metas nos eluden. El desánimo causa que dejemos de hacer algo y nos demos por vencido.

Hay más probabilidad de que logremos nuestras metas si podemos pensar en ellas como el próximo paso. El próximo paso siempre es un logro incremental en camino al acontecimiento más grande. Así que, si tomamos nuestras metas y las rompemos en un número de próximos pasos, hay más probabilidad de que alcancemos nuestras metas.

Los próximos pasos son más pequeños y, muchas veces, no requieren de mucho tiempo para lograr. Conforme logremos nuestras metas de "próximos pasos", seguimos avanzando hacia adelante, reforzamos nuestra creencia en nuestras habilidades, y ganamos ímpetu. Así como un nene que está aprendiendo a caminar no meramente se pone de pie un día y comienza a correr, sino más

Toma decisiones reponsables

bien comienza por levantarse apoyándose en los muebles y luego empieza a tomar pasos sostenido del mueble y eventualmente lo suelta, nosotros simplemente necesitamos mantener nuestro ojo en la próxima cosa que hacer y pronto alcanzaremos nuestra meta.

Nuestras metas son hacia donde apuntamos en la vida. Añaden propósito y significado a todo lo que hacemos. Sin ellos, pasarás por cada día sin dirección. Las metas que nos ayudan a mantenernos enfocados en lo que decimos es de suma importancia para nosotros. Con metas, recargas cada minuto y cada hora de tu día.

Las metas llevan a planeación y resultados superiores. Sin embargo, crear una visión hacia aquello por lo cual nos estamos esforzando no significa que tenemos que estar atados a ellos en cada paso del proceso. No tengas miedo de reevaluar tus metas e intenciones en el proceso. Recuerda, metas escritas muy específicas se convierten en imanes a los cuales te sentirás incontrolablemente atraído.

Establece metas

¿Cuáles son tus metas?

¿Cuáles son tus metas para los próximos treinta días? ¿Noventa días?

¿Cuáles son tus metas para el próximo año? ¿Los próximos tres años?

Muestra gratitud

La gratitud es una de esas cosas que siempre regresará a ti. Estar agradecido por las personas que conoces es poderoso, pero la pregunta es, ¿puedes estar agradecido por las personas que no conoces?

¿Estás agradecido por la persona que coloca los víveres que acabas de comprar en las bolsas de mandado? ¿Estás agradecido por la persona que te atiende en el banco? ¿Le das las gracias a la mesera cada vez que viene para llenar tu vaso de nuevo?

La gratitud aun se puede extender a las personas que todavía no nos ha tocado conocer. ¿Estás agradecido por la persona que alimentó al pollo que estás cenando? ¿Estás agradecido por la persona que pavimentó la carretera que usas para llegar a casa? ¿Estás agradecido por las personas cuyos nombres no conoces pero que han hecho algo para mejorar tu vida? La gratitud simple puede hacer una diferencia en la vida de alguien ... de hecho, sí hace la diferencia.

Encuentro que las personas que muestran más gratitud en sus vidas son las personas que creen que mucho se les ha dado. Cuando las personas creen que han ganado todo por su propia cuenta, tienden a querer aferrarse a ello firmemente y rara vez muestran gratitud a otras personas.

Cuando creemos que los acontecimientos buenos han sucedido debido a nuestro arduo trabajo y el trabajo arduo de otros y que mucho se nos ha dado, aprendemos a ser agradecidos y buscamos compartir más con otros. Somos agradecidos por las cosas materiales que nos han llegado, y más importante, somos agradecidos por las personas en nuestras vidas y las personas que posiblemente no conozcamos pero quienes, entendemos, han contribuido a lo que disfrutamos.

Cuando somos agradecidos, la paz llega a ser parte de nuestras vidas. El poder de la gratitud nos mantiene en un lugar donde pensamos en otras personas. La gratitud es un pensamiento consciente positivo que producirá acciones conscientes positivas – pero solo si es verdadera.

La gratitud auténtica verdadera provoca que otros den su mejor. Cuando eres amable con otros, no solo estás demostrando aprecio por su servicio, sino que los estás animando a ser lo mejor que puedan ser para las personas en su vida. Conoce la fuente de todo lo que se te da y muestra gratitud.

Muestra gratitud

¿Quién es la fuente de lo que se te da?

Acepta Responsabilidad

La responsabilidad no es algo que se debe tomar a la ligera. Si se te ha dado responsabilidad en tu trabajo, se te ha dado cierta cantidad de confianza. Cuando alguien te da confianza, quieres recompensar esa confianza por medio de llegar, hacer el trabajo, y ser alguien de quien se pueda depender.

Cuando se nos da responsabilidad y la aceptamos, comenzamos un proceso donde podemos mostrar lo que somos capaces de hacer. Si mostramos que tenemos la habilidad de tomar responsabilidad adicional, es más probable que recibamos promoción en nuestros trabajos. La responsabilidad es lo que enseñamos a nuestros hijos, y es como ellos crecen y llegan a tener éxito. La responsabilidad es el primer paso para enmendar las cosas cuando hemos hecho algo indebido.

Los líderes entienden que ellos tienen muchas responsabilidades. En última instancia, saben que la responsabilidad por el éxito o el fracaso de la personas y la organizaciones siempre revierte a ellos. Los líderes nunca desvían la responsabilidad. La abrazan.

Aceptar responsabilidad es un acto noble. Es un acto de honor. Es un acto de liderazgo. Si eres conocido como una persona

Toma decisiones reponsables

responsable, las personas te verán como una persona digna de confianza. Cuando esto sucede, te lleva a más responsabilidad en tu empleo, tu familia, o comunidad.

¿Siempre estás buscando atajos? ¿Crees que algunas personas tienen más suerte que tú? ¿Existe alguna fórmula mágica al éxito que estás buscando? Los resultados futuros están basados en las acciones actuales. Eres responsable por tus acciones, y por lo mismo, tus resultados. Tomar responsabilidad por tu éxito es el primer paso en el camino a la excelencia.

Acepta Responsabilidad

¿Qué significa ser responsable?

Elimina la negatividad de tu vida

Una amiga mía fue diagnosticada con la etapa 5 de insuficiencia renal crónica, y se enteró de que necesitaba un trasplante del riñón. Mientras espera su trasplante, ella ha tenido que comenzar el proceso de diálisis. Estábamos teniendo una conversación un día, y ella me dijo que la había impactado lo triste que parecen estar los otros pacientes que están en diálisis, y que ella tenía la determinación de encontrar una manera de hacer una diferencia.

En su nuevo normal de ir por diálisis tres veces a la semana, ella decidió que lo que podía hacer era llegar unos cuantos minutos antes de la hora de su cita y saludar a todos y simplemente darles una sonrisa. Me conmovió mucho su deseo de difundir su energía positiva cuando ella misma estaba experimentando sus propios desafíos. Es que, a todos nos toca escoger nuestra actitud y nuestro acercamiento a la vida. Podemos escoger no ofendernos. Podemos escoger ser avaros. Podemos escoger ser negativos. O podemos escoger ser agradecidos. Podemos escoger ser felices. Podemos escoger ser positivos. Todos tenemos esa elección. Solo tenemos que estar conscientes de nuestros pensamientos y cómo elegimos sentirnos.

Toma decisiones reponsables

Pensar negativamente lleva a resultados negativos. Cuando pensamos lo peor, muchas veces eso justamente es lo que ocurre. Somos tan negativos que no vemos los desafíos, ni entendemos las oportunidades, ni hacemos las decisiones que nos llevarán a un resultado positivo.

El pensar negativo también repela a otros. ¿Quién quiere pasar tiempo con una persona negativa?

En nuestros trabajos y vidas personales, habrá pruebas y tribulaciones, tiempos difíciles y tiempos más difíciles. Pero tenemos control en cuanto a si nos acercamos a esas circunstancias con una actitud negativa o una actitud positiva.

¿Te sumerges en pensamientos negativos? ¿Eres negativo hacia las personas que te rodean? ¿Te encuentras rodeado de personas que insisten ser negativos en cuanto a sus propias vidas y la tuya? Las actitudes y declaraciones negativas te drenan de tu energía para vivir.

Cada declaración negativa, sea hecha por ti o por alguien más, te quita energía. La energía es crítica en el trabajo y la producción. Reduce o elimina tus pensamientos negativos, y haz lo necesario para rodearte de personas que son positivas y que te dan energía en lugar de aquellas que son negativas y drenan tu energía.

¿Cómo puedes eliminar la negatividad de tu vida?

Usa el cambio como una avenida hacia el crecimiento

En la película clásica El Mago de Oz, Dorothy y sus amigos creen que el mago es un hombre poderoso. Simplemente su voz les provoca temor. Pero cuando se abre el telón, se revela que el mago solo es un ser impotente que hace mucho ruido.

El cambio es muy parecido a ese mago. En realidad no tiene poder a menos que le demos poder. Yo sé que muchas veces he escuchado a las personas decir, "Odio el cambio". Simplemente pensar de esa manera negativa obstaculiza a estas personas en sus vidas personales y en su trabajo. Estas personas no se han dado cuenta de que han soportado cambios grandes, positivos y poderosos en su vida. No se dan cuenta de que cualquier cosa positiva que hayan experimentado les ha llegado por medio de alguna clase de cambio.

Graduarse de la escuela es cambio. Casarse es cambio. Tener hijos es cambio. Muchos tiempos maravillosos en nuestras vidas nos llegan como un resultado del cambio.

El cambio sucede en todo momento. Sucede cada vez que un empleado nuevo se une a un equipo o cuando una organización obtiene un cliente nuevo.

Toma decisiones reponsables

A veces en nuestras organizaciones, cuando nos enteramos de que algo está cambiando, lo único que en verdad ha ocurrido es que se ha tomado una decisión. No permitas que el cambio te descontrole. Tienes control sobre la manera en que lo abordas. Abraza el cambio y las oportunidades que trae.

El cambio es la esencia del progreso. El cambio es un regalo y una oportunidad. Por medio del cambio, tienes la oportunidad de crecer y prosperar. Que todo siempre sea lo mismo es el enemigo de todos nosotros. Resistir al cambio es negativo. Desvía tu enfoque y te drena de energía.

El verdadero cambio empieza con simplemente modificar tus acciones, tus métodos o tus sistemas. El verdadero cambio es un resultado de alterar lo que crees acerca de una situación. Cuando cambias lo que crees, te impulsará a cambiar lo que haces. Este cambio en acción es permanente y sostenible.

Al aprovechar tus poderes creativos y abrazar cambio, te envuelves con una fuerza que impulsará y alimentará tu crecimiento. No solo se trata de cambiar lo que haces. El cambio en cualquier área siempre comienza con transformar lo que crees. Cuando cambias lo que crees, cambiarás tus acciones y recibirás un resultado diferente.

Usa el cambio como una avenida hacia el crecimiento

¿Cómo reaccionas al cambio?

Defiende tus convicciones y valores

Defender tus convicciones y creencias no se trata de que siempre estés en lo correcto y que todos los demás estén mal. Cuando defiendes algo, las personas tienden a confiar más en ti porque saben que tu palabra es tu garantía. Posiblemente no estén de acuerdo contigo, pero te respetan porque defiendes firmemente lo que crees.

El simple hecho de que tengas convicciones y creencias firmes no significa que no estás dispuesto a escuchar el punto de vista de otro, pero sí significa que tienes certeza en cuanto a lo que crees y valoras.

Muchas veces las personas no quieren defender lo que creen porque temen lo que las personas pensarán y dirán. Cuando haces esto, disminuyes tu valor como persona. En otras ocasiones, las personas no defienden con certeza algo porque nunca se han tomado el tiempo para saber qué es lo que creen y valoran. Tus creencias y valores dan forma a tu carácter. Tus creencias fundamentales son lo que te ayudan a determinar lo que está mal y bien.

Si permites que alguien diga algo que está mal o que hago algo inapropiado y no expresas y defiendes tus convicciones y creencias,

Toma decisiones reponsables

estás, en efecto, apoyándolos. Lo que permites ocurrir en tu espacio, lo condonas.

Anteriormente, cuando yo escuchaba a alguien decir algo en lenguaje sexista o racista, yo pensaba, "Eso simplemente está mal". Era un buen pensamiento, pero no cambiaba nada en mi derredor. Yo no hacía nada. Ahora, hago saber en voz alta lo que pienso.

Con respeto, señalo que el comentario que alguien acaba de compartir es sexista o racista o dónde está mal. Posiblemente realmente piensen así. Posiblemente simplemente no entendían lo que estaban diciendo. Expreso mis creencias de tal manera que les permita darse cuenta del sentido completo de sus palabras y posiblemente retractarse o ajustar lo que han dicho.

De cualquier manera, hago saber a las personas en mi derredor que no estoy de acuerdo con esa manera de pensar o actuar y que, ultimadamente, no permitiré que esa manera de pensar suceda en mi derredor sin que yo exprese mi oposición.

¿Sabes lo que crees y valoras? ¿Qué tan fuerte es tu carácter? ¿Puedes mantenerte en curso cuando otros alrededor de ti condenan tus ideas y muestran negatividad? ¿Puedes vivir con la convicción de que lo que quieres y crees es lo correcto aun cuando no sea la perspectiva popular? ¿Tomas tus propias decisiones, o permites que otros decidan tu destino por ti?

Defiende tus convicciones y valores

¿Cómo defiendes tus creencias y convicciones?

¿Cómo manejas ese momento cuando alguien quiere que te comportes de una manera contraria a tus creencias?

Vive tu vida con pasión

Vivir tu vida con pasión no siempre significa que te la estás pasando bien. Cuando tienes pasión por lo que haces, tienes un deseo inextinguible de seguir haciendo lo que haces sin importar cuán difícil se torne. La pasión te impulsa a avanzar.

Cuando pensamos en la palabra *pasión*, raramente pensamos en su primer significado, que significa "sufrir". Naturalmente pensamos en algo que nos hace sentirnos bien y cómodos. La verdad es, si sientes pasión por algo, estás dispuesto a sufrir por ello. La pasión es poderosa y dolorosa. Las personas con pasión siguen adelante sin importarles cuán doloroso sea hacerlo, sin importar cuán complicado sea, y sin importar quién estorbe. Si estás verdaderamente viviendo tu vida con pasión, entonces has seguido empujando a través del sufrimiento y has llegado al otro lado.

Me encanta escribir. Me encanta compartir ideas que pueden hacer una diferencia. Escribir libros y hablar con grupos es una pasión para mí. Escribir este libro me tomó tiempo y energía. Hubo muchos días cuando hubiera preferido estar haciendo otra cosa, pero yo sabía que estaba comprometido con la fecha acordada con la Casa Editorial que lo iba a publicar. Lo que hizo posible escribir

Toma decisiones reponsables

este libro era que estoy apasionado por lo que hago, Sí, algunos días puede que sea más divertido ir a ver un juego de pelota o hacer una caminata, pero mi pasión por compartir mi mensaje me impulsa hacia adelante.

La pasión es una emoción que es altamente contagiosa. Tu pasión alimentará la pasión de otras personas, y en nuestras organizaciones es allí donde la creatividad toma lugar. La pasión es el "combustible" para cualquier causa. Es la energía para cualquier misión.

La pasión es la semilla para descubrir tu propósito. Es el fundamento para todo logro. La pasión alimenta el deseo. Tu nivel de pasión dictará tu nivel de éxito. La pasión es inquebrantable, siempre fluye, y siempre está disponible.

Vive tu vida con pasión

¿Qué es lo que te apasiona?

¿Cómo lo demuestras?

Ten paciencia

Al criar a cuatro hijos muy diferentes entre sí, aprendes lo que significa cuando dicen, "La paciencia es una virtud". Si interactúas con las personas de cualquier manera, la paciencia es algo que se tiene que aprender.

Cuando veo que estoy exhibiendo una falta de paciencia, por lo general es con personas que posiblemente no hacen las cosas de la manera que yo las haría. A través de los años he tenido que aprender que simplemente porque alguien esté haciendo algo de manera diferente no significa que lo estén haciendo mal. Es incorrecto juzgar a las personas basado en la manera en que hacen algo, y trabajo esforzadamente para recordar eso conscientemente.

También he descubierto que cuando pierdo mi paciencia, frecuentemente es porque estoy enfocado solo en mí y estoy ignorando a otras personas que también tienen necesidades.

Es fácil ser impaciente con las personas. Ocurre comúnmente cuando estamos conduciendo nuestro auto. La verdad es que no sabemos por qué una persona está actuando de la manera que están actuando, o haciendo lo que están haciendo. No conocemos su historia, su situación, o los desafíos que puedan estar enfrentando.

Toma decisiones reponsables

Tener paciencia es un regalo que les damos a otros y que nos damos a nosotros mismos. La paciencia produce contentamiento y satisfacción en nuestras vidas.

Requiere de cierta cantidad de tiempo para que la masa de un pastel se levante. Tratar de apresurar el proceso solo arruina el pastel. La paciencia no significa que no nos importa. Significa tomar una acción apropiada a la vez que entendemos que el proceso requiere de tiempo.

La paciencia significa permitir que pase el tiempo necesario a fin de que los eventos naturales maduren y que el éxito tome lugar. No significa empujar hacia adelante con vigor. Simplemente significa que te das cuenta de que pueden haber pasos pos los cuales tienes que pasar al ir avanzando hacia la cima.

Ten paciencia

¿Cómo equilibras tu impulso por obtener resultados con la paciencia?

¿En qué situaciones podrías ser más paciente?

Toma decisiones reponsables

¿Con quién en tu vida podrías ser más paciente?

Sé compasivo

Si eres una persona llena de compasión, siempre te verás motivado a hacer algo. La compasión se siente primero, y su poder te lleva a hacerte la pregunta, "¿Qué puedo hacer?" Y para las personas que tienen compasión, la respuesta nunca es, "Nada".

La compasión impulsa a la acción. La compasión es la que inició organizaciones tales como, United Way, los Centros de Comunidad Judíos, el Ejército de Salvación, los refugios para personas sin techo, programas para los niños con desventajas, y muchos otros programas para personas que necesitan ayuda.

A la compasión no le importa cuál sea el color de la piel de alguien, su estatus socioeconómico, o en qué parte de la ciudad viven. A la compasión solo le importa una cosa, y esa es, "¿Cómo puedo ayudar?"

La compasión siempre mueve a la acción. Es esa acción la que hace una diferencia en las vidas de las personas. No puede haber servicio mayor que la de ayudar a las personas.

Todos necesitan una mano ayudadora de cuando en cuando. Toda persona aprecia una palabra amable. Mostrar verdadero interés en otros se traduce a palabras y acciones. Las personas necesitan

Toma decisiones reponsables

escuchar palabras de alabanza y ver tus sentimientos demostrados con acciones. La acción de tu parte valida tus palabras. Verdadero interés y preocupación, aprecio y cuidado son enormemente empoderadores.

Sé compasivo

¿Cómo muestras compasión?

¿Es la compasión algo que consistentemente sale a luz en tu vida?

Aprende de otros

No creo en las coincidencias. Creo que cuando me toca conocer a alguien, es por una razón. En ese momento, posiblemente debo enseñar algo, o posiblemente ellos deben enseñarme algo a mí, o posiblemente sean ambas cosas.

Por creer esto, siempre me estoy haciendo las preguntas, "¿Por qué resulta que ahora estamos juntos? ¿Qué puedo compartir con esta persona? ¿Qué puedo aprender de ellos y esta situación?"

Toda persona tiene una historia, y con tanta frecuencia simplemente pasamos nuestras vidas sin tomarnos el tiempo de aprender y disfrutar de las personas interesantes que están en nuestras vidas y cruzan nuestros caminos.

Muchas veces pensamos que solo podemos aprender de alguien que es rico, alguien que tiene un título avanzado, o alguien que está en una posición de poder. La verdad es que podemos aprender de todas las personas. He tenido conversaciones con personas en la esquina de la calle y me he ido habiendo aprendido algo acerca de las actitudes, las perspectivas de la vida y aun de la política.

Como fundador del Movimiento de Responsabilidad, me he visto bendecido con la oportunidad de conversar con muchas personas.

Toma decisiones reponsables

Recientemente, conduje una serie de conversaciones con grupos de diferentes edades, razas, estatus socioeconómicos y religiones. Algunos de ellos ya me había tocado conocer, pero la mayoría estaba conociendo por primera vez.

Conversamos acerca de la religión, las razas, política, negocios, educación y una multitud de otros temas. Aprendí de ellos, ellos aprendieron de mí, y aprendimos juntos acerca de la vida.

El aprendizaje vicario, aprender de las experiencias de otros, es la manera menos costosa de aprender algo. Aprender de alguien que haya logrado los resultados que tú deseas acortará mucho tu curva de aprendizaje e incrementará tu perseverancia conforme avanzas hacia tus metas.

Aprende de otros

¿Qué obstáculos impiden que aprendas de otras personas?

¿Les das crédito a aquellas personas de quienes has aprendido?

Permanece enfocado

Enfoque es una palabra que se usa comúnmente, pero creo que se pierde en ocasiones todo lo que significa a fondo. En el *Diccionario Webster* de 1828, la palabra enfoque se define como "un punto de concentración". ³

Los atletas profesionales tienen la habilidad de enfocarse con precisión. Durante un juego hay muchas distracciones en su derredor. El otro equipo está tratando de distraerlos. Los fans pueden estar gritando a favor o en contra de ellos. Los entrenadores a los márgenes les están gritando instrucciones. Y los vendedores están tratando de vender su mercancía desde sus puestos. Sin embargo, con total exactitud, un jugador de baloncesto puede meter la pelota en la canasta sin nada más que la red, un quarterback puede colocar la pelota en las manos de un recibidor a 60 yardas en el campo. No eliminan distracciones; pueden enfocarse a pesar de las mismas.

Una de las cosas más importantes que podemos hacer por nosotros mismos es saber cuáles son las distracciones en nuestra vida. Al igual que un atleta profesional, posiblemente no podamos

---

3 *Webster's 1828 Dictionary* (1828), s.v. "focus," http://webstersdictionary1828.com/Dictionary/focus.

Toma decisiones reponsables

eliminar las distracciones de nuestras vidas, pero podemos aprender a enfocarnos a pesar de ellos.

Algunas distracciones vienen en la forma de ruido, como los fans en las gradas. Algunas distracciones vienen en la forma de oportunidades las cuales, aunque puedan parecer bien, no son las oportunidades correctas para ti. Cribar la multitud de distracciones que vendrán naturalmente en nuestra dirección es parte del proceso.

Soy una persona de ideas. Continuamente se me están ocurriendo ideas nuevas acerca de cómo hacer algo o una forma de hacer algo mejor. El problema es que las ideas no siempre se alinean con mi misión y visión. Tengo que trabajar duro para mantenerme enfocado. Tengo que recordar que aunque pueda ser una buena idea, si no está alineada con mi enfoque, no es una buena idea para mí.

Además, me encantan los aparatos y la tecnología. A veces me enfoco demasiado en lo más nuevo que sale. Es un pasatiempo para mí. A algunas personas les gusta pescar. A otros les gusta leer. A otros les gusta pintar. Todos tenemos pasatiempos. Es importante abrazar nuestros pasatiempos pero no permitir que nos distraigan de nuestro enfoque.

¿Hay algún orden para tus acciones? ¿Puedes decidir qué es más importante, algo importante, y no importante al enfocarte en tus metas? ¿Permitas que tus distracciones se interpongan en las actividades y metas críticas? ¿Te ocupas de los asuntos significantes en tu vida para que luego puedas seguir con los menos importantes?

El enfoque añade poder a tus acciones y en gran manera aumenta tu habilidad de obtener logros a un nivel muy alto. Una vez que te hayas enfocado en lo que quieres lograr, tus pensamientos y acciones deben ser como un rayo láser sobre lo que necesitas para hacer que ocurra. El enfoque significa que puedes lograr el tiro a pesar de las distracciones.

Permanece enfocado

¿En qué áreas necesitas mayor enfoque?

_____
_____
_____
_____
_____
_____
_____
_____

¿En qué áreas necesitas reenfocarte?

_____
_____
_____
_____
_____
_____
_____
_____

Toma decisiones reponsables

¿Hay áreas en las que necesitas enfocarte menos?

Ríete

En ocasiones vamos al médico por algún problema que tenemos, y es posible que el médico decida que es necesario recetarnos algún medicamento. Cuando esto sucede, nos dicen que debemos tomar la medicina a una hora específica del día, por un tiempo determinado. Por lo general, al completar el régimen, nos encontramos sanos y nos sentimos mejor en un 100 por ciento.

Se dice que la risa es la medicina del alma, y creo que debemos reírnos todos los días como si el médico nos la hubiera recetado para sanarnos. La risa es contagiosa y tiene el poder de hacer que los que están en nuestro derredor se sientan mejor. La risa nos une de maneras que nos hace sentirnos cómodos los unos con los otros, y nos da la habilidad de comunicarnos a un nivel más informal.

Hay expertos que alaban los beneficios de la risa en la vida y en los negocios. Hay científicos que estudian la risa. Los estudios muestran que la risa es tan poderosa que afecta todo el cuerpo cuando nos reímos. La ciencia nos dice que cuando nos reímos, se aumentan las células T en nuestro sistema inmunológico, el cual es la defensa natural de nuestro cuerpo en contra de las enfermedades. ¡La risa en verdad es medicina!

Toma decisiones reponsables

¿Te ríes? ¿Qué tan en serio te tomas?

¿Puedes reírte de tus errores pasados? La risa es terapéutica. La risa suelta las endorfinas en tu cuerpo. Te hace sentirte bien. Cuando te sientes bien, los demás en derredor tuyo se sienten bien.

Piensa en cosas de las cuales reírte. Busca el humor en las situaciones de cada día. La vida está llena de risa. Y, encontrarás, la risa es contagiosa.

Ríete

¿Hay situaciones donde te tomas demasiado en serio?

¿Cómo puedes traer más risa a tu vida y en la vida de otros en tu derredor?

Escucha a otros

Escuché una historia acerca de un hombre que estaba sufriendo de una enfermedad muscular debilitante que había afectado cada músculo en su cuerpo. En ocasiones la enfermedad causaba que su voz fuera apenas un leve susurro.

Este caballero asistió a una fiesta de cumpleaños para niños en el sistema de cuidado titular, y empezó a conversar con una niña de diez años. Y por designios de la suerte, en este día su voz apenas era audible, causando que fuera imposible poder oír lo que decía. La niña tenía tanta determinación de oír lo que él estaba diciendo, que se sentó en su rodilla y acercó su oído a su boca a fin de poder entenderlo, y tuvieron una conversación muy linda.

Esa es una imagen de lo que es escuchar. Escuchar significa que tienes tanta determinación de oír lo que la otra persona está diciendo que estás dispuesto a hacer casi cualquier cosa para poder entender.

Escuchar muestra que de verdad te interesa la persona, te interesan sus opiniones, te interesan sus sentimientos. Escuchar es honrar a alguien. Escuchar es una forma de aprender de otras personas. Ultimadamente, cuando muestras interés y escuchas, estás posicionado para forjar relaciones más significativas.

¿Aprendes más por hablar o por escuchar? ¿Controlas la conversación? ¿Puedes escuchar más que hablar? ¿Expresas tu opinión para satisfacer tu ego o para contribuir a la conversación y llevarla a resolver problemas y proveer nueva información? ¿Estás diciendo o aprendiendo?

Cuando escuchas, aprendes acerca de la otra persona; sus intereses y preocupaciones. Escuchar te posiciona a servir más a fondo y responder mejor a las necesidades de otras personas. Escuchar tiene que ver con tratar de entender. Escuchar muestra que verdaderamente te interesa.

Escucha a otros

En cada conversación que tengas por cinco días, haz un esfuerzo específico por escuchar completamente antes de ofrecer tus palabras y pensamientos.

Paga el precio

Una de mis cosas más favoritas que hacer es ir de compras a la tienda de productos Apple. Lo admito. ¡Soy como un niño en una dulcería! Y si entro a la tienda, lo más probable es que compraré algo.

Siempre que tomo la decisión de comprar algo, lo primero que hago es decidir qué voy a comprar. Lo siguiente que hago es llevar el producto al cajero y pagarlo. Luego el producto ya me pertenece. Es mío y puedo hacer con él lo que quiera. Ya pagué el precio.

Las cosas que realmente importan en la vida—y por lo general estas no van a ser cosas materiales sino experiencias y relaciones personales—nos van a costar algo. Si queremos ser lo mejor posible en nuestras carreras, nos va a costar algo. Si has sobresalido y llegado a tu nivel más alto, probablemente significa que has sacrificado algo, y nunca es fácil. Requiere de tiempo y compromiso llegar a ser un excelente padre, o ser un hijo excelente para un padre de edad avanzada.

Todo lo que desees lograr viene acompañado de un precio. Puede que el precio se exprese en dólares, pero por lo genera se expresa en tiempo, energía, sacrificio y compromiso. ¿Estás dispuesto a pagar el precio por lo que es importante para ti? Hacer ese compromiso es el primer paso hacia avanzar en tus metas.

Toma decisiones reponsables

Toma el tiempo para pensar en el precio que necesitas pagar por las metas que tienes. Cuenta el costo.

Es tu decisión

Tomar decisiones responsables no es fácil. Si lo fuera, todos lo harían. La responsabilidad personal es cumplir tus compromisos con las personas. Eres responsable por las cosas pero también eres responsable ante las personas. La responsabilidad siempre implica a personas y tus relaciones con ellos. Cuando comenzamos a pensar en nosotros y nuestro propio beneficio personal, posiblemente veremos que no estamos siendo responsables ante las personas delante de nosotros.

Yo lucho a diario con muchos de los pensamientos y desafíos que he compartido en este libro. Es en mi lucha personal y el dolor que a veces resulta ser donde encuentro mis respuestas y mi crecimiento. El crecimiento personal es una iniciativa que nunca se acaba. Requiere de un compromiso continuo a querer ser mejor.

Las buenas decisiones están basadas en la educación, la información de calidad, y un compromiso personal con el resultado positivo que deseas. El éxito viene de definir las decisiones que necesitas tomar, tomar esas decisiones de calidad, y luego actuar en base a tus decisiones.

Toma decisiones reponsables

Los resultados positivos y el éxito no siempre aparecen inmediatamente. De hecho, algunas veces experimentamos dificultades y resultados negativos a fin de aprender, crecer y tomar mejores decisiones. El fracaso solo viene por desistir y negarle al proceso el tiempo necesario para que llegue a ser un éxito.

Cada día enfrentas decisiones. Donde termines en el mundo depende de ti. Tienes la oportunidad de darle forma a tu legado. Tu legado está basado en tu visión, la manera en que piensas, y en las decisiones que tomas. La mayoría de las veces hay mucho más a nuestra disposición, pero no nos damos cuenta. Solo está disponible si tomamos la decisión consciente de ser esa persona o perseguir ese logro. Es tu decisión.

Material Extra

No Matter What
(Sí o sí)

Introducción

¿Qué es un compromiso?

Soy bueno con las ideas. Todos tenemos áreas de fuerza, y crear ideas es la mía. Se me ocurren ideas para mis amigos que pueden utilizar tanto personal como profesionalmente. Formulo ideas para mis clientes que pueden usar en sus organizaciones, y puedo crear ideas que se aplican a mi negocio. A través de los años, ha formulado muchas grandes ideas que han hecho una diferencia significante para las personas en mi derredor y para mí mismo.

Cuando veo las decisiones que más lamento en mi vida personal o profesional, me doy cuenta de que no lamento ninguna de mis decisiones de probar algo nuevo. Lo que lamento es que no perseveré con algunas de esas ideas. Lamento no haberme comprometido con esas ideas hasta el punto de perseverar hasta que tuvieran éxito. Honestamente creo que he abandonado muchas ideas que, si yo hubiera estado sinceramente comprometido con ellas, pudieran y deberían haber llegado a ser un éxito significante. Sí me entristece pensar en algunas de las oportunidades que me perdí por falta de compromiso.

Hoy, tengo mucho cuidado en cuanto a qué actividades creativas asumo. Simplemente porque algo sea una buena idea no significa que sea la correcta para mí. Sé esto y encuentro que si soy selectivo en cuanto a lo que me propongo hacer, en lo que enfoco mi tiempo y mi energía, y en lo que estoy comprometido, la mayoría de las veces logro el éxito. Después de haber experimentado la falta de resultados positivos por no haber estado lo suficientemente comprometido, me ha enseñado a ser muy selectivo en cuanto a aquello a lo cual me comprometo, y, cuándo sí me comprometo, me dedico por completo para hacer que suceda.

Un compromiso desata poder y potencial

Con el compromiso viene un poder. ¿Qué es ese poder? El poder es una fuerza que no puedes ver. Siempre produce y viene con una garantía del 100 por ciento. El poder del compromiso no te fallará. Aquello a lo que estás comprometido producirá un resultado para ti. El hecho que estás comprometido crea resultados positivos. Ese es el poder.

El poder del compromiso es transformacional. Nos puede transformar a nosotros, las personas en nuestro derredor, nuestras organizaciones, y aun nuestro mundo. El compromiso desata potencial. Te permite llegar a ser tu mejor. Una de las más grandes transformaciones que el compromiso produce es el desarrollo de tu carácter.

Un compromiso involucra conflictos y desafíos

Los compromisos no son fáciles. Tu responsabilidad personal frecuentemente se verá probado por desafíos y conflictos: ¿Vas a cumplir tu compromiso aun cuando estás enfrentando una pérdida personal, en medio de la crisis, o cuando no es en tu mejor interés hacerlo? Un compromiso tiene que ver con el carácter. Todos están comprometidos cuando es fácil, pero cuando el conflicto aparece,

¿Qué es un compromiso?

también aparece la verdad acerca de si estás comprometido o no. Eso es donde tu responsabilidad se manifiesta. Esto es donde tu carácter se desarrolla.

Así como una planta tiene que empujar hasta atravesar la capa de tierra para ver el sol y crecer, nosotros también tenemos que "empujar hasta atravesar" nuestros desafíos y conflictos y cumplir nuestros compromisos. Es en esos momentos que crecemos como personas. Esa brizna de hierba que ves que está en la superficie está empujando y subiendo a tierra ... una tierra que es mucho más pesada que la brizna. No es fácil. La planta pasa por enorme estrés para penetrar la superficie de la tierra. Empujar hasta penetrar no es fácil para las plantas, y tampoco lo es para nosotros. Sí, tendremos estrés. Sí, tendremos que trabajar arduamente. Y sí, podremos perseverar hasta lograr nuestro cometido. En ese momento que superamos una dificultad para cumplir un compromiso, nos convertimos en algo más —algo mejor y algo que nunca regresará a de donde vino.

No solo son los compromisos nada fáciles; la vida no es fácil. Toda persona que ha logrado grandeza y significado ha hecho tremendos sacrificios. Un sacrificio es serio. Un sacrificio no se trata de ceder algo que es extra o innecesario. Es ceder algo importante a fin de hacer o lograr algo que es de aun mayor significancia.

No siempre vemos esos sacrificios. Simplemente vemos el éxito en el televisor o en las noticias y nos olvidamos de todo lo que fue necesario para lograrlo. Ese sacrificio siempre vino debido a alguna clase de compromiso. El atleta comprometido a gastar horas cada día por años para desarrollar sus capacidades. El médico comprometido a pasar horas cada día por años para aprender la medicina. La empresaria que pareció obtener el éxito "de la noche a la mañana" comprometida a pasar horas aprendiendo su oficio y levantando su negocio en anonimidad antes de lograr el éxito que nos toca ver.

Un compromiso es "sí o sí".

Cuando definimos que la responsabilidad es "cumplir los compromisos que hacemos con otras personas" es fácil no prestarle la debida atención a la palabra "compromiso". Es fácil pensar, "Oh, sí, yo sé lo que es un compromiso. Todos saben lo que es un compromiso. Es cuando dices "sí", o "lo haré", o aun posiblemente, "lo hago".

La realidad es que las personas miran a los compromisos de manera diferente. Compromiso es una palabra increíblemente poderosa. Si no definimos lo que es un compromiso, no estaremos dando la definición completa de lo que es la responsabilidad personal.

Un compromiso es "Sí o sí". Simplemente porque estés enfrentando tiempos difíciles no significa que debes seguir con otra cosa o que es tiempo de abandonarlo. Simplemente porque algo sea difícil no significa que debes hacer otra cosa en su lugar. ¿Qué significa compromiso?

Un compromiso es "Sí o sí".

Un compromiso es un voto. Es una promesa. No es quizás, u ojalá o probablemente. Es un absoluto. Es un sí o sí. Hay seriedad en un compromiso. Hay otro nivel de compromiso donde entra en tu ADN, donde ni siquiera piensas en la posibilidad de no hacerlo. Este es el nivel de "Sí o sí". Es el nivel que un verdadero líder y una persona responsable alcanza.

Esta definición de compromiso cambiará por completo la manera en que ves todo. Sí o sí ... o mi marca registrada en inglés, "NO Matter What"™ ha llegado a ser mi mantra personal. Cuando ves todo a través de este lente, la convicción toma un significado totalmente diferente. Lo que es posible se amplía porque no te vas a dar por vencido en el camino. Las relaciones personales se profundizan porque las personas en tu derredor saben que siempre

¿Qué es un compromiso?

cuentan con tu respaldo – siempre y en todo momento. ¡Es porque es un Sí o Sí!

Con el compromiso viene cierto poder. Cuando tomas la postura de Sí o Sí, no estás buscando una manera de evadir. Estás totalmente "adentro." Nunca estarás buscando una salida. Solo buscarás una manera de entrar. Cuando tomas la postura de "Sí o Sí," desarrollas una reputación de ser alguien de quien siempre se puede depender. Todos en tu derredor saben exactamente cuál es tu postura en toda situación. Saben que pueden depender de ti sin importar las circunstancias, y esto les da a ellos la libertad de enfocarse en avanzar. Cuando saben que pueden depender de ti, descubrirás que tú también puedes depender de ellos. Llega a ser mutuo.

En toda situación y en toda relación, solo hay tres posibles posturas que tomar: no, quizás y sí. No es obvio. Quizás significa que es posible pero también significa que puede que no sea posible, o que no sucederá.

Cuando mis hijos eran menores, le preguntaban a mi esposa, Renee, si podían hacer algo o ir a algún lugar. Algunas veces la respuesta era "sí" y a veces la respuesta era "no". Muchas veces la respuesta era "quizás". "Quizás" significaba que la puerta estaba abierta, pero no estaba garantizada. De hecho, "quizás" por lo general era código para, "No quiero decir 'no' así que estoy diciendo 'quizás,' pero lo más probable es que la respuesta será 'no' aunque todavía es posible". ¡Vaya! Con el tiempo, cuando los hijos escuchaban a Renee decir, "quizás", llegaron a saber lo que significaba y entonces respondían, "Oh, eso significa 'no'".

El problema real es cuando alguien dice, "Sí, pero en realidad es un "quizás". Esto no es un compromiso. Esto es alguien de quien no se puede depender. Y con el tiempo las personas llegan a saber que un "sí" por parte de esa persona no significa "sí". Porque no se

Toma decisiones reponsables

puede depender de esa persona, su credibilidad sufre. Pierden poder personal que viene de una reputación de Sí o Sí.

¿Estás buscando una entrada o una salida? Sí es un compromiso y un compromiso de "Sí o Sí". Cuando tomas esta postura, moverás el cielo y la tierra para que suceda. Significa que tus compromisos te hacen una persona mucho más poderosa, no solo a los ojos de las personas en tu derredor, sino también en tu habilidad de hacer que algo suceda. Cuando las personas saben que estás comprometido con ellos, el poder del compromiso aumenta aun más. Las personas con quienes te comprometes saben que tú crees en ellos, que confías en ellos, que quieres que tengan éxito, y que satisfaces sus necesidades antes que las tuyas.

Esta es la manera en que una persona responsable y un gran líder funciona. Los líderes tienen cuidado con lo que dicen. Piensan antes de hablar. Cuando hablan, lo que dicen está basado en lo que creen y valoran. No hablan las cosas sin pensar. Saben lo que están diciendo. Un líder siempre recuerda lo que dice. Parte del compromiso es tener cuidado de recordar lo que dices y lo que hayas acordado. No recordar lo que has prometido no es un pretexto aceptable para no hacerlo.

Las personas que viven "Sí o Sí" son protegidos por lo que dicen y no se dejan "mover por el momento". Toman sus decisiones basado en lo que verdaderamente creen, sienten, y lo que sí pueden cumplir.

Un compromiso requiere honestidad y transparencia

La honestidad y transparencia son el fundamento para cumplir tus compromisos. En un ambiente de trabajo las personas no se comprometen fácilmente con personas que no conocen o en quienes no confían. Los líderes se dedican a conocer a las personas que lideran y permiten que ellos también los conozcan.

¿Qué es un compromiso?

Cuando los líderes son transparentes, tienes la oportunidad de llegar a conocerlos. Las personas en tu organización o en tu vida, ¿te conocen? ¿Realmente conocen?

Tu confianza en una causa o misión puede que sea lo suficiente para que te sacrifiques por las personas con quienes estás trabajando para apoyar las vidas de quienes estás ayudando a mejorar. Das de tu corazón, y quieres hacer una diferencia. No importa que no conozcas a las personas específicas. Conoces la causa. Conoces los desafíos que ellos enfrentan. Sabes cuál es la diferencia que puedes hacer en sus vidas. Pero en una organización, puede que no sacrifiques por alguien a quien no conoces. Y es solo cuando conoces a alguien que puedes verdaderamente interesarte por ellos. ¡La clave verdadera es que los líderes siempre tienen cuidado por su gente primero!

Una persona esencial en mi organización es mi asistente, Sharon. A diario tenemos discusiones acerca de la responsabilidad tanto organizacional como personal. Estudiamos el tema, desarrollamos profundidad en nuestras filosofías, y preparamos pláticas sobre el tema. No siempre ha sido fácil. Al principio, realmente no sabíamos cómo comunicarnos el uno con el otro. Y cuando digo al principio me refiero a más de tres años. Siempre nos estábamos peleando. Sharon no podía creer que yo no la había despedido, y yo no podía creer que ella no había renunciado. Fue difícil en ocasiones.

La cosa es que nos conocíamos el uno al otro. Conocíamos nuestras familias. Conocíamos nuestros valores. Ambos estábamos comprometidos a edificar un mundo más responsable. Sharon estaba comprometida conmigo y mi misión, y yo estaba comprometido con ella.

Trabajamos a través de esos años difíciles y hemos forjado una amistad maravillosa y como resultado, hemos desarrollado una capacidad poderosa de trabajar juntos. Yo sé que ella siempre estará aquí para ayudarme, y creo que ella se siente de la misma manera.

Un compromiso requiere consistencia, claridad e igualdad

Cuando ya has ejercido el "Sí o Sí" por algún tiempo, hay una consistencia. Tus acciones son consistentes con tus palabras. Es esa consistencia de Sí o Sí que llega a ser una parte significante de afirmar tu carácter. Para que haya compromiso tiene que haber claridad. Tienes que conocer aquello a lo cual verdaderamente te estás comprometiendo. Tienes que conocer el impacto y la importancia del compromiso. Es movilizarte cuando te comprometes a hacer algo significante y cumplir ese compromiso.

Las personas se comprometen porque quieren ser parte de algo positivo. Quieren ser parte de algo que es más grande que ellos. Tienen un deseo de ser mejor. Quieren contribuir a una relación y la mejoría de alguien más,

Las organizaciones tienen la habilidad de ofrecer todo eso por medio de sus valores. Se espera que los empleados vivan esos valores. A lo que el líder esté dispuesto a comprometerse, los empleados están dispuestos a comprometerse. Se vuelve un compromiso recíproco.

Un compromiso tiene que ver con equidad. Tiene que ver con lo que es justo. Cuando estás hablando de una cultura responsable, no puede favorecer a solo una parte.

Cuando trabajamos con una organización, siempre encontramos que si las personas en esa organización no están ejerciendo responsabilidad, el líder tampoco lo está haciendo. Siempre empieza con el líder. Siempre miramos a lo que liderazgo puede estar haciendo o si hay desafíos, fallas, o debilidades dentro del liderazgo. La verdad puede doler, pero es la verdad. Una vez que

¿Qué es un compromiso?

encontramos esas cosas que se pueden mejorar dentro del liderazgo, el liderazgo puede hacer cambios. Si el liderazgo mejora, su equipo se mejora. Todo se levanta y cae sobre el liderazgo.

Nuestros mejores clientes son aquellos clientes donde el líder dice, "Quiero mejorar". Y luego son consistentes en cuanto a compartir conocimiento con las personas a quienes dirigen. Están diciendo, "Si soy mejor a la misma vez que mi equipo se está mejorando, entonces nos estamos mejorando como una organización".

Tal como dije, si el líder se compromete, entonces todos los demás se van a comprometer. Sin compromiso, ¿qué tienes? Tienes incertidumbre e inestabilidad. Hay duda e inconsistencia. Ninguna de estas cosas produce un ambiente donde las personas disfrutan trabajar ni promueve gran éxito.

Sin compromiso, las personas no se vinculan. Las relaciones son una clave a la comunicación y al éxito. Las organizaciones con las mejores relaciones interpersonales harán mejor que su competencia cada vez. Las personas que trabajan juntos, que se ayudan entre sí, y que se respaldan mutuamente crean un ambiente de alta productividad. También crea un lugar donde a las personas les gusta trabajar, lo cual lleva a excelente servicio al cliente y rendimiento excepcional. No será así si no hay compromiso unilateral a los valores de la compañía.

Un compromiso requiere valentía

Comprometerse requiere valentía. Las personas batallan con lo desconocido. Cuando haces un compromiso, no siempre sabes cómo va a resultar. No sabes cuáles obstáculos van a surgir. No sabes cuáles son las posibles oportunidades a las cuales posiblemente tengas que decir "no" a fin de cumplir tu compromiso.

Las personas con frecuencia se preocupan de lo que van a tener que ceder antes de comprometerse

A las personas les gusta sentirse seguros, y el compromiso puede ser riesgoso. Pregúntales a las personas si están desempeñando el trabajo de sus sueños, y la mayoría de las veces la respuesta será "no". Esto es porque las personas tienden a preferir ir a lo seguro. Pero ir a lo seguro es lo que impide a las personas a avanzar. Estamos hablando de riesgo, y las personas en general no quieren riesgos. Lo que no entienden es que por medio del compromiso recibirán mucho más que lo que posiblemente cedan.

No comprometerse es la salida fácil. No comprometerse no requiere fortitud. No requiere consistencia. No tienes que pagar un precio en cuanto a tiempo, energía, o posibles oportunidades perdidas. Evitas las decisiones difíciles cuando no te comprometes. Al tomar la salida fácil, pierdes toda oportunidad para crecimiento, ganancia, y desarrollo personal.

Un compromiso da libertad y otras cualidades positivas.

En el nivel de Sí o Sí hay libertad. No eres esclavo a nada ni a nadie. El poder que fluye de ti al nivel de Sí o Sí te permite total libertad para seguir lo que crees y hacer lo que sabes que es lo correcto.

Las cualidades positivas se producen en nuestras vidas cuando nos comprometemos. Esas cualidades son confianza, respeto, lealtad, credibilidad, influencia y responsabilidad. Además, podemos forjar relaciones personales más significativas. Aun se producen amistad y amor cuando estás dispuesto a comprometerte.

Si no quieres ninguna de estas características en tu vida o en la organización en la cual trabajas, habla ahora, o para siempre guarda silencio. ¡Exactamente! La confianza, el respeto, la lealtad y otras cualidades de alto rendimiento nos permiten funcionar a un nivel alto en nuestras vidas y en nuestras organizaciones. Y vemos personas

¿Qué es un compromiso?

y compañías continuamente a quienes les falta en estas áreas. Son las personas con quienes no pasamos tiempo y las compañías con las cuales no disfrutamos trabajar, o quienes no recomendaremos a nuestras amistades y familia.

Un compromiso es algo que das. Mi compromiso contigo no está basado en si tú cumples tu compromiso conmigo. Eso sería compromiso condicional. Mi compromiso es ¡Sí o sí!

Este no es un tema de tácticas. No es una manera de hacer las cosas. Es una manera de pensar. Es permanente. Es absoluta. La mayoría de las personas están buscando opciones. Están buscando una cláusula que les da una salida fácil—"en caso de que algo suceda". Las personas quieren espacio que ofrece algo de flexibilidad si es necesario, pero no puede ser así.

La responsabilidad no es una manera de hace las cosas. Es una manera de pensar. El compromiso no es una manera de hacer las cosas. Es una manera de pensar. Una manera de pensar que producirá un resultado, y cuando se trata de responsabilidad y compromiso, el resultado es increíblemente positivo e increíblemente poderoso.

Un compromiso requiere pasión

A fin de que las personas se comprometan a algo necesitan verse inspirados y ser apasionados. Necesitan tener una razón por la cual comprometerse. La inspiración viene del líder. Todo fluye de la cabeza. Cuando un líder está comprometido, va a impactar la dirección hacia donde va la organización. Con lo que el líder es consistente y estable es la dirección hacia donde se dirigirá la organización.

Así que si el líder es indeciso, la organización será indecisa. Si el líder está enfocado, la organización estará enfocada. Y aquello en lo cual el líder se enfoca es en lo que se enfocará la organización.

Toma decisiones reponsables

Si es líder que se enfoca en su gente, entonces la gente se enfocará en la gente—en las personas dentro de la organización así como las personas fuera de la organización, tales como clientes y la comunidad.

No todos son líderes. Una persona tiene que aceptar la responsabilidad del liderazgo para comenzar a ser un líder. Los líderes primero y primordialmente son responsables por las personas que dirigen. Esa responsabilidad se tiene que aceptar para ser un líder.

La pasión del líder es lo que ayuda a crear la inspiración en las personas a quienes dirige. Los líderes comunican su pasión muy bien. Esa pasión atrae a personas que se han inspirado y quienes se comprometen.

¿Qué es un Sí o Sí en tu propia vida? Cuando determinas qué es, ganas claridad, y eso te permite enfocarte en avanzar.

El poder del compromiso, Sí o Sí, te dará libertad y poder. Sí o Sí cambiará tu vida.

Trae la responsabilidad personal y profesional a tu organización

Para contactarse:
Sam Silverstein, Incorporated
121 Bellington Lane
St. Louis, Missouri 63141
info@SamSilverstein.com
(314) 878-9252
Fax: (314) 878-1970

Para ordenar más ejemplares de
TOMA DECISIONES RESPONSABLES
www.samsilverstein.com

Sigue a Sam
www.twitter.com/samsilverstein
www.youtube.com/samsilverstein
www.linkedin.com/in/samsilverstein

Acerca del Autor

Sam Silverstein es fundador y director ejecutivo de Sam Silverstein, Incorporated, una organización dedicada a ayudar a las empresas a crear una cultura organizacional que priorice e inspire la responsabilidad personal, social y empresarial. Al ayudar a las organizaciones a desarrollar sus convicciones, aclarar su misión y entender qué está bajo su control, Sam trabaja para hacer que este sea un mundo más responsable. Es autor de varios libros, incluyendo *No Matter What, The Success Model, and The Lost Commandments*. Él da conferencias internacionalmente, y ha trabajado con equipos de empresas, agencias del gobierno, comunidades, y organizaciones grandes y pequeñas, incluyendo Kraft Foods, Pfizer, la Fuerza Aérea de los Estados Unidos y United Way. Sam es el ex presidente del National Speakers Organization (la Asociación Nacional de Oradores).

TOMA

Toma decisiones reponsables

TOMA

Toma decisiones reponsables

TOMA

www.ingramcontent.com/pod-product-compliance
Lightning Source LLC
Chambersburg PA
CBHW060531100426
42743CB00009B/1492